中国能源发展报告 2020

ANNUAL REPORT ON CHINA'S ENERGY DEVELOPMENT

电力规划设计总院 编著

人民日报出版社
北京

图书在版编目（C I P）数据

中国能源发展报告 . 2020 / 电力规划设计总院编著
. 一北京：人民日报出版社, 2021.7
ISBN 978-7-5115-7091-8

Ⅰ. ①中… Ⅱ. ①电… Ⅲ. ①能源发展－研究报告－中国－ 2020 Ⅳ. ① F426.2

中国版本图书馆 CIP 数据核字 (2021) 第 136548 号

书　　名：**中国能源发展报告 . 2020**
ZHONGGUO NENGYUAN FAZHANBAOGAO.2020
作　　者：电力规划设计总院

出 版 人：刘华新
责任编辑：周海燕
封面设计：绳婉滕

出版发行：人民日报出版社
社　　址：北京金台西路2号
邮政编码：100733
发行热线：(010) 65369527 65369509 65369512 65369846
邮购热线：(010) 65369530 65363527
编辑热线：(010) 65369518
网　　址：www.peopledailypress.com
经　　销：新华书店
印　　刷：北京领先印刷有限公司
法律顾问：北京科宇律师事务所 010-83622312

开　　本：889mm×1192mm　1/16
字　　数：210千字
印　　张：11.25
版次印次：2021年7月第1版　2021年7月第1次印刷

书　　号：ISBN 978-7-5115-7091-8
定　　价：150.00元

编委会

序

2020 年是新中国历史上极不平凡的一年，面对新冠肺炎疫情严重冲击和严峻复杂的国际形势，在以习近平同志为核心的党中央坚强领导下，我国能源行业砥砺前行，能源安全保障平稳有序，绿色低碳转型加速推进，“十三五”规划主要目标任务胜利完成，落实能源安全新战略取得积极成效。

《中国能源发展报告2020》是电力规划设计总院组织编写的年度能源发展报告，总结分析了2020年我国煤炭、油气、电力等各能源品种的供需形势，以及能源科技、政策及国际合作等方面的主要进展，对“十三五”能源发展进行了回顾，对“十四五”能源发展趋势进行了展望，并提出了相关建议。报告力求系统全面、重点突出、生动形象，为政府决策、企业发展提供支持与服务。

作为我国能源研究领域的“国家队”，电力规划设计总院技术力量雄厚，拥有资深的行业专业背景、多学科综合优势。近年来，在国家发展改革委、国家能源局的领导下，在各地能源主管部门和相关能源企业的大力支持下，电力规划设计总院完成了能源发展规划、能源产业政策、能源体制改革等方面大量研究工作，为政府决策和企业发展提供了有力支撑。

编写中国能源发展报告，是电力规划设计总院打造“能源智囊、国家智库”，服务能源行业发展的实际行动。期望电力规划设计总院进一步发挥自身优势，继续做好能源规划研究，推出更多更好的新成果，全面记录我国能源发展进程，提出有益发展思路和观点，与社会各界共享智慧、共赢发展。

中国能源建设集团有限公司董事长、党委书记

2021 年 6 月

前言 Foreword

2020 年是新中国历史上极不平凡的一年，受新冠疫情影响，能源行业经历前所未有的寒冬，能源市场急剧萎缩，需求和供应降幅双双创下历史之最，国际油价两度暴跌，“负油价”震惊世界。在全世界面对疫情攻击措手不及的情况下，我国率先战“疫”复苏，经济运行逐季改善、逐步恢复常态，在全球主要经济体中唯一实现经济正增长，脱贫攻坚战取得全面胜利，决胜全面建成小康社会取得决定性成就。

2020 年，我国能源高质量发展取得新进展。清洁低碳转型更快，非化石能源占一次能源消费比重达到 15.9%，较上年提高 0.7 个百分点，煤炭消费占比降至 56.8%，较上年下降 0.9 个百分点。供给能力更强，水电、风电、光伏、在建核电装机规模等多项指标保持世界第一，到 2020 年底，清洁能源发电装机规模增长到 10.8 亿千瓦，占总装机比重接近 50%。重点能源领域和关键环节市场化改革进一步深化，电力体制改革更进一步，输配电价监管体系基本完善，市场交易电量达到 3.03 万亿千瓦时，占用电量的 40.4%。节能降耗更进一步，单机 6 兆瓦以上火电机组平均供电煤耗降至 305.5 克 / 千瓦时，同比再降 0.9 克 / 千瓦时。2020 年 9 月，习近平主席在第七十五届联合国大会一般性辩论会上郑重提出中国“二氧化碳排放力争于 2030 年前达到峰值，努力争取 2060 年前实现碳中和”。我国能源行业将面临结构转型的巨大压力，但同时也是抢抓战略先机、引领全球市场的重大机遇。

2020 年是“十三五”规划收官之年，“十三五”期间，我国积极推进能源消费革命，落实了能源消费总量和强度“双控”制度，能源消费总量控制在 50 亿吨标准煤以内，年均增速控制在 3% 以内，以较低的增速保障了经济健康发展和民生福祉改善。积极推进能源供给革命，供给能力和质量大幅提升，重点领域产能结构不断调整优化，退出煤炭落后产能超过 10 亿吨，关停落后煤电机组超过 3 千万千瓦，煤电装机容量控制在 11 亿千瓦以内。清洁能源开发利用跨越式发展，水电、风电、光伏、在建核电装机规模等多项指标保持世界第一。积极推进能源技术革命，自主创新和重大装备国产化取得积极进展，我国已经自主掌握相关领域的核心技术；能源数字化、智能化升级不断推进，新模式新业态蓬勃兴起。重点领域和关键环节改革取得重要进展，电力体制改革迈出重大步伐，组建规范电力交易中心，电力中长期交易和辅助服务市场实现全国范围全覆盖；油气体制改革取得重大突破，“X+1+X”市场体系加快形成。国际影响力和话语权全面提升，重大项目合作不断深化，强化与周边国家油气、电力等基础设施互联互通。深度参与全球能源治理，大力加强与国际能源组织合作，成功举办两届中俄能源商务论坛、G20 能源部长会议等重要活动。

2021 年是“十四五”规划开局之年，“十四五”时期是碳达峰的关键期、窗口期，能源发展也将进入新的阶段。国家“十四五”规划和 2035 年远景目标纲要明确提出，“建设清洁低碳、安全高效的能源体系”，为我国能源发展指明了方向。“十四五”期间，能源发展应坚守安全保障底线，加大国内油气勘探开发力度，发挥煤炭兜底保障作用，建设多轮驱动能源安全体系。应大力提升能源绿色低碳程度，加快发展风电和太阳能发电，因地制宜开发水电，在确保安全的前提下积极有序地发展核电，同时加快推进抽水蓄能、新型储能等调节电源建设，增强电力系统灵活调节能力，大力提升新能源消纳水平。应继续推动工业、建筑、交通等重点行业和领域非化石能源的替代和用能方式的改变，加快发展新能源汽车、建筑光伏一体化等绿色用能模式。应推进生产侧调节能力和智能化建设，构建智慧能源系统，加快氢能、储能等技术示范应用，提高民生服务水平。

《中国能源发展报告2020》是电力规划设计总院组织编写的第五份年度能源发展报告。本报告分析了2020年我国能源发展总体状况，并对2021年和“十四五”能源发展趋势做出研判，可为政府相关能源主管部门、能源企业、金融机构提供参考。

本报告在编写过程中，得到了能源主管部门、相关企业、机构和能源行业知名专家的大力支持和指导，在此谨致衷心的谢意。因水平有限，报告中难免有疏漏之处，恳请读者批评指正。

《中国能源发展报告 2020》编写组

2021年6月

01

综合篇

OVERVIEW

02

能源消费篇

ENERGY
CONSUMPTION

03

能源供应篇

ENERGY
PRODUCTION

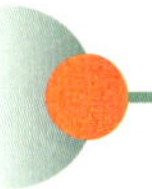

04

能源技术篇

ENERGY
TECHNOLOGY

05

能源政策篇

ENERGY
POLICIES

06

国际合作篇

INTERNATIONAL COOPERATION

07

行动展望篇

INSIGHTS

01

综合篇

OVERVIEW

2020 年，我国经受住了疫情考验，在党中央坚强领导下，全国各族人民顽强拼搏，疫情防控取得重大战略成果，在全球主要经济体中唯一实现经济正增长。全年能源生产稳定增长，生产和输送效率持续提升；能源消费结构不断优化，利用效率进一步提高；能源技术装备、关键部件材料对外依存度有所降低，技术创新多点开花；能源市场化改革不断推进，国际能源治理能力进一步提升。

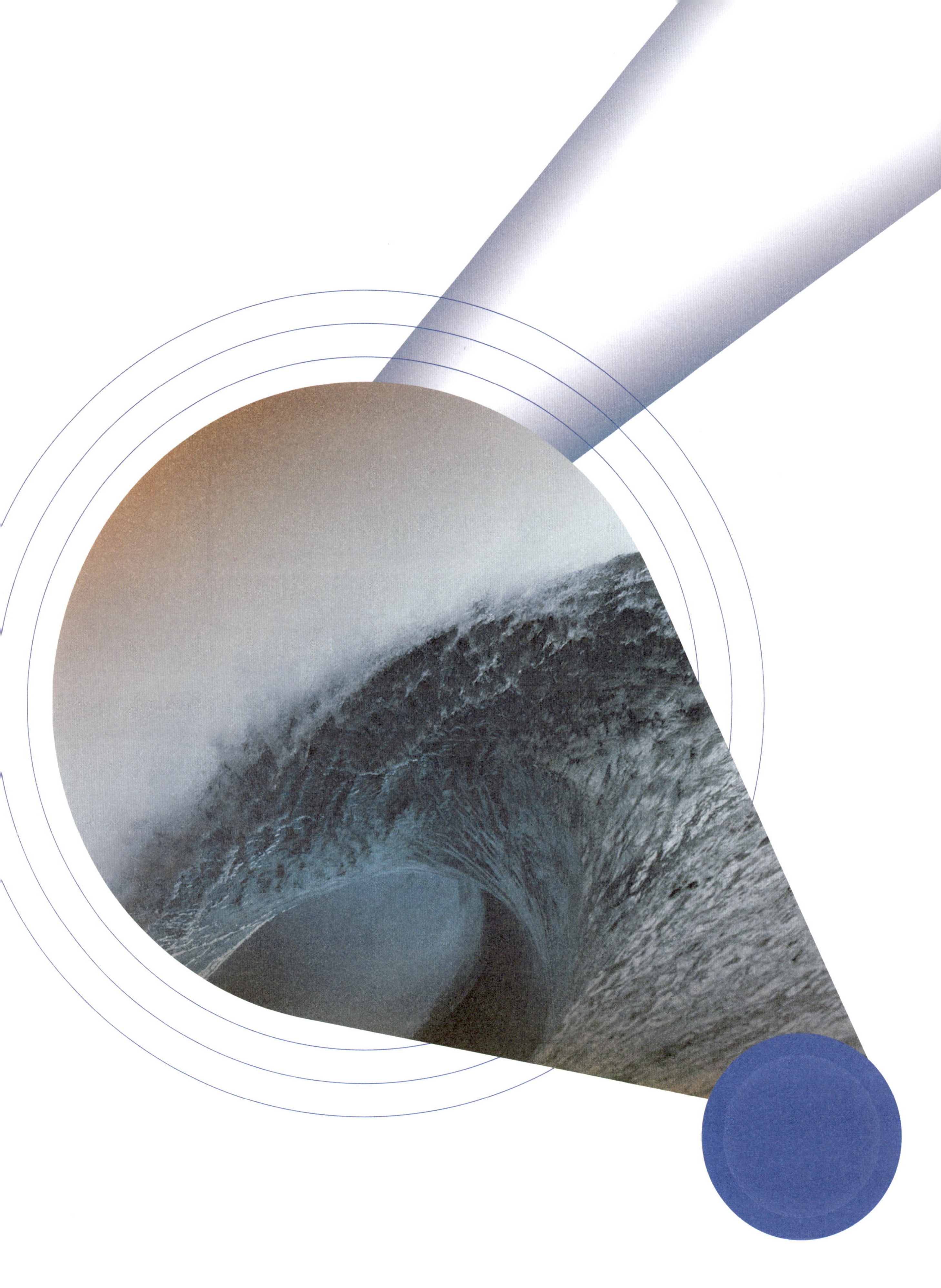

1.1
经济总体形势

1.1.1 世界经济出现负增长

2020年全球
经济萎缩
3.3%

增速同比下降
6.2个百分点

新冠肺炎疫情重创全球经济。2020 年，各国 GDP 跌幅普遍创历史极值。根据国际货币基金组织的统计，2020 年全球经济萎缩 3.3%，增速同比下降 6.2 个百分点。其中，发达经济体 GDP 增速为 –4.7%，同比下降 6.4 个百分点；新兴市场与发展中经济体 GDP 增速 –2.2%，同比下降 5.9 个百分点。

2020 年世界主要国家经济增长情况

排名	名称	GDP（万亿美元）	GDP增速	人均GDP（美元）
1	美国	20.93	–3.5	63,416
2	中国	14.72	2.3	10,484
3	日本	5.05	–4.8	40,146
4	德国	3.80	–4.9	45,733
5	英国	2.71	–9.9	40,406
6	印度	2.71	–8.0	1,965
7	法国	2.60	–8.2	39,907
8	意大利	1.88	–8.9	31,288
9	加拿大	1.64	–5.4	43,278
10	巴西	1.43	–4.1	6,783

数据来源：IMF

1.1.2 我国经济保持稳定增长

疫情形势下经济仍取得重大突破。2020 年，中国政府果断采取强有力措施抗击疫情，取得了重大战略成果。一手抓疫情防控，一手稳步推进复工复产，实施了一系列超常规政策举措，使中国成为全球唯一实现经济正增长的主要经济体，全年 GDP 总量突破 100 万亿元大关，是史上首次突破 100 万亿，同比增长 2.3%。

中国成为全球唯一实现经济正增长的主要经济体

GDP总量首次突破
100万亿

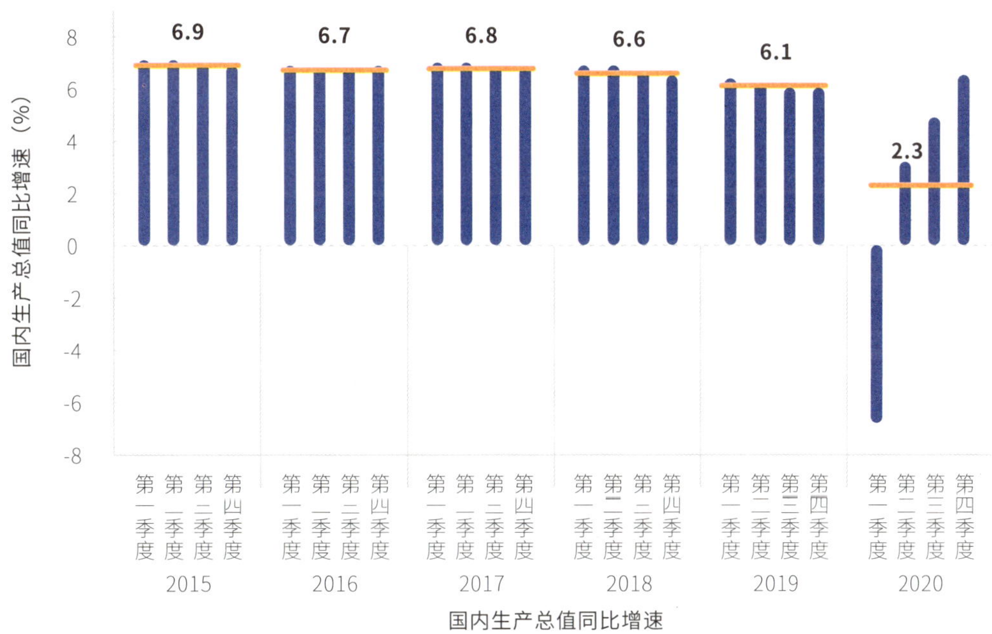

国内生产总值同比增速

数据来源：国家统计局

脱贫攻坚战取得决定性成就。按照每人每年生活水平 2300 元（2010 年不变价）的现行农村贫困标准计算，截至 2020 年底，年初剩余的 551 万农村贫困人口全部实现脱贫、52 个贫困县全部摘帽，绝对贫困现象历史性消除。贫困地区农村居民收入较快增长，全年贫困地区农村居民人均可支配收入 12588 元，比上年增长 8.8%，扣除价格因素，实际增长 5.6%。贫困人口较多的广西、四川、贵州、云南、甘肃、宁夏、新疆七个省（区）农村居民人均可支配收入名义增速均高于全国农村居民增速 0.2 个～ 1.7 个百分点。城乡区域发展的差距继续缩小，农村居民收入增长快于城镇居民收入增长，常住人口城镇化率超过 60%。

2020年年初剩余的
551万
农村贫困人口全部实现脱贫

52个
贫困县全部摘帽

1.1.3 经济结构调整优化，发展新动能不断壮大

第三产业增加值占国内生产总值的比重为

54.5%

对GDP的贡献率有所下降

第三产业仍为拉动经济增长的主要动力，贡献率有所下降。全年第一、二、三产业增加值占国内生产总值的比重分别为 7.7%、37.8%、54.5%，第三产业仍为带动经济增长的主要力量。受疫情影响，第三产业对 GDP 增长的贡献率有所下降，较上年下降 16.2 个百分点；第二产业对 GDP 增长的贡献率较上年上升 10.7 个百分点。

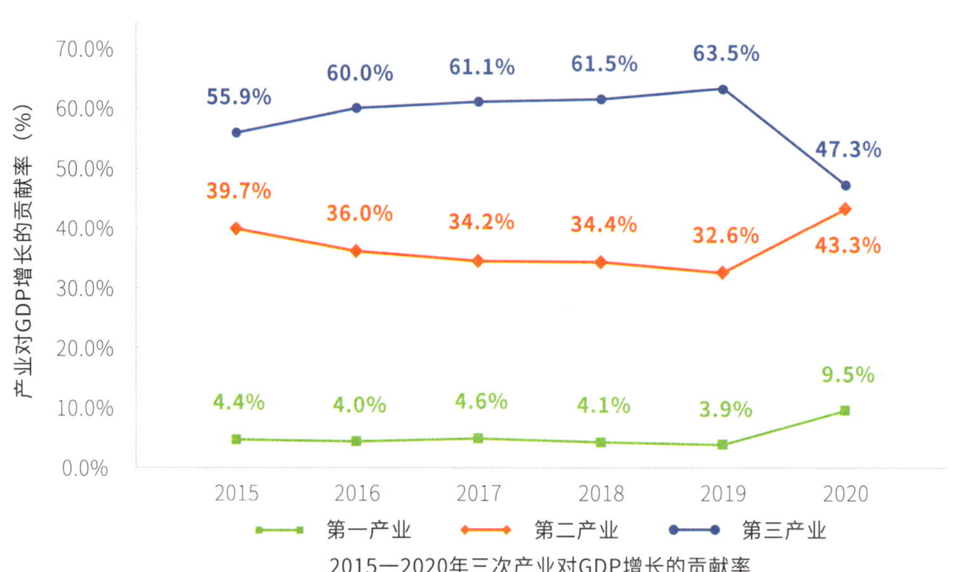

2015—2020年三次产业对GDP增长的贡献率

数据来源：国家统计局

高技术制造业增加值同比增长

 7.1%

战略性新兴服务业营收同比增长

 8.3%

高技术产业投资同比增长

 10.6%

高新产业继续保持较快发展。全年规模以上工业中，高技术制造业增加值比上年增长 7.1%，高于全部规模以上工业 4.3 个百分点，占规模以上工业增加值的比重为 15.1%；装备制造业增加值增长 6.6%，高于全部规模以上工业 3.8 个百分点，占规模以上工业增加值的比重为 33.7%。全年规模以上服务业中，战略性新兴服务业企业营业收入比上年增长 8.3%。全年高技术产业投资比上年增长 10.6%，快于全部投资 7.7 个百分点。全年新能源汽车产量 145.6 万辆，比上年增长 17.3%；集成电路产量 2614.7 亿块，增长 29.6%。全年网上零售额 117601 亿元，按可比口径计算，比上年增长 10.9%。全年新登记市场主体 2502 万户，日均新登记企业 2.2 万户，年末市场主体总数达 1.4 亿户。

1.1.4 疫情防控取得重大成果

各行业受疫情影响情况不一。2020 年，新冠肺炎疫情给全球正常的经济发展带来了严重的影响。在疫情防控措施实施期间，生产生活各种需求全面缩减，各国经济纷纷“停摆”。上半年国内外疫情对我国经济的影响涵盖了消费、投资、进出口等各方面。对内需市场的影响主要体现在生活性服务业方面，例如餐饮娱乐等仍未完全恢复到疫情前的状态。对生产性服务业的影响差异较大，有些行业损失较大，例如交通运输行业；对部分行业有积极影响，例如线上经济。为对冲疫情对经济的影响，“新基建”得到充分重视，传统基建方面的企业积极落实部署。

餐饮娱乐业遭受重创

交通运输业损失较大

线上经济迅速崛起

“新基建”得到充分重视

2019 — 2020 年部分行业用电量

单位：万亿千瓦时、%

行业	2019年	2020年	同比增速
制造业	36,307.0	37,832.4	2.9
其中：风能原动设备制造	2.8	4.9	73.7
医疗仪器设备及器械制造	26.5	30.9	16.5
光伏设备及元器件制造	22.5	55.2	144.8
汽车制造	495.9	569.0	14.8
计算机、通信和其他电子设备制造	1,573.0	1,824.6	16.0
土木工程建筑业	220.9	257.8	16.8
信息传输、软件和信息技术服务业	931.1	1,147.7	23.9
住宿和餐饮业	820.9	768.3	-6.4
铁路运输业	957.4	904.4	-5.6

疫情防控取得显著成果。经过全国上下的共同努力，我国率先控制住疫情，率先复工复产，率先实现经济正增长。2020 年 3 月下旬，本土疫情传播基本阻断，4 月中旬，规模以上企业开工率超过了 90%。在一季度中，我国的经济受疫情影响严重，同比下降了 6.8%。但在二季度 GDP 增长 3.2%，由负转正。三季度增长 4.9%，四季度增长 6.5%，已经基本上贴近了我国近年来的经济增速水平。

二季度GDP增速由负转正

四季度恢复常态

年底出口额攀升至

1.86万亿元

同比增加

10.9%

外贸出口迎来新增长。疫情初期，世界各国纷纷减少从我国进口商品，给我国出口带来了一定的影响。2 月出口额低至 5562 亿元，同比降低 39.8%，环比降低 62.5%。3 月出口额迅速回升至 12887 亿元，同比降低 3.8%。从 4 月开始出口额实现正增长，12 月出口额攀升至 18587 亿元，同比增加 10.9%，超过往年同期水平。

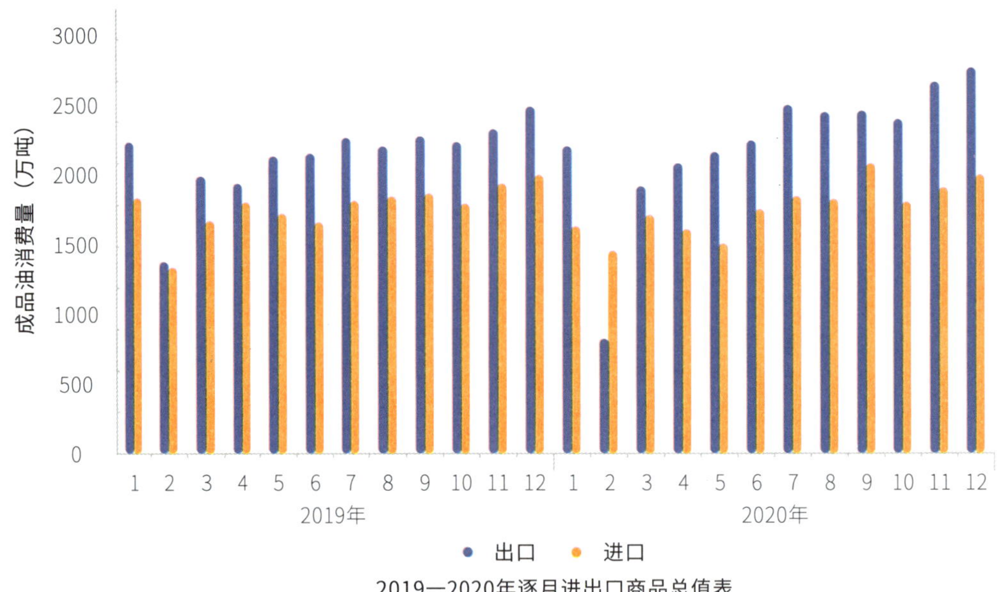

2019—2020年逐月进出口商品总值表

数据来源：海关总署

消费对经济增长的拉动作用逐季增强。四季度，社会消费品零售总额同比增长 4.6%，增速比三季度加快了 3.7 个百分点；最终消费增长拉动经济增长 2.6 个百分点，比三季度上升了 1.2 个百分点。随着疫情进一步得到有效控制，消费需求的动力也将进一步恢复。

1.2 能源供需总体形势

1.2.1 “十三五”能源发展回顾

在“十三五”期间，我国能源行业落实“四个革命、一个合作”能源安全新战略，为经济社会发展提供了稳定、充足的能源保障，同时清洁低碳转型不断加速。

能源消费平稳增长。“十三五”期间，我国严格落实能源消费总量和强度“双控”制度，以较低的能源消费增长保障了经济社会健康发展。2020 年，我国能源消费总量达到 49.8 亿吨标准煤，“十三五”期间年均增速为 2.8%，增速比“十二五”期间低 1 个百分点。“十三五”期间，我国能源消费弹性系数为 0.49；电力消费年均增长 5.7%，电力消费弹性系数 1.0。

“十三五”我国能源消费增长情况

	2015年	2020年	年均增速
能源消费总量（亿吨标准煤）	43.4	49.8	2.8%
煤炭消费（亿吨）	40.0	40.4	0.2%
石油消费（亿吨）	5.6	6.6	3.3%
天然气消费（亿立方米）	1932	3288	11.2%
非化石能源消费（亿吨标准煤）	5.2	7.9	8.7%
全社会用电量（万亿千瓦时）	5.7	7.5	5.7%

数据来源：国家统计局、国家能源局及相关资料整理

2015—2020年能源消费情况

数据来源：国家统计局、国家能源局及相关资料整理

能源供给保障总体平稳有序。“十三五”期间，能源行业始终把保障安全放在工作的首位，坚决化解过剩落后产能，有序安排先进产能建设，增强能源供应基础，完善应急保障体系，有力保障了经济社会发展对能源的需求。能源领域深入推进供给侧结构性改革，把补短板作为能源工作的重中之重，着力优化能源系统，能源发展质量和效益明显提升。

2015—2020年一次能源生产情况

数据来源：国民经济和社会发展统计公报

能源消费结构优化步伐加快。能源行业坚持节约优先和绿色低碳战略，进一步强化引导和约束机制，抑制不合理能源消费，提升能源消费清洁化水平，能源消费总量得到有效控制，能源消费强度显著下降，结构优化步伐加快。

2015—2020年清洁能源占能源消费总量的比重

数据来源：国家统计局、国家能源局及相关资料整理

2020 年我国单位 GDP 能耗比 2015 年下降 13% 左右，未能完成“十三五”规划提出的降低 15% 的目标。

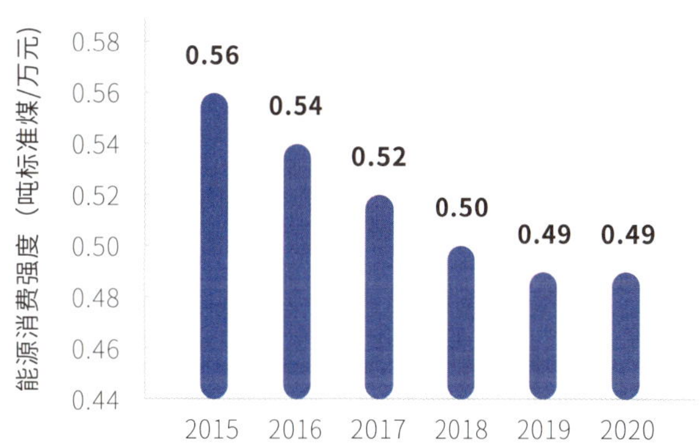

2015—2020年单位GDP能耗（2020年可比价格）

数据来源：国家统计局

2020 年，我国第二产业受到疫情冲击较小，复工复产较快，而第三产业受到疫情冲击较大。第二产业和居民生活用能是拉动能源消费增长的主要动力，其中第二产业终端能源消费（电热当量法）同比增长 3.6%，居民生活终端能源消费同比增长2.7%。其中，高耗能行业用能是拉动二产能源消费增长的主要因素，其中电力、钢铁、建材、化工行业煤炭消费分别同比增长0.8%、3.3%、0.2%和1.3%，钢铁、有色、化工、建材等高载能行业用电量同比增长3.6%。受疫情影响，第三产业受到较大冲击，能源电力消费增速大大放缓，全年终端能源消费同比增长1.0%，电力消费同比增长1.9%，增速较上年下降7.6个百分点。受新冠疫情影响，GDP增速不及预期，第二产业特别是高耗能产业恢复较快，这是导致我国单位GDP能耗下降没有完成规划目标的主要原因。

能源领域污染防治成效显著。“十三五”期间，我国建成投产 12 条大气污染防治输电通道，全国符合超低排放限值的煤电机组累计达 9.5 亿千瓦。全面推进北方地区冬季清洁供暖，基本完成京津冀及周边地区、汾渭平原的平原地区生活和冬季取暖散煤替代，清洁取暖率提升到 60% 以上。全面供应国六标准车用汽柴油，实现车用柴油、普通柴油和船舶用油“三油”并轨。

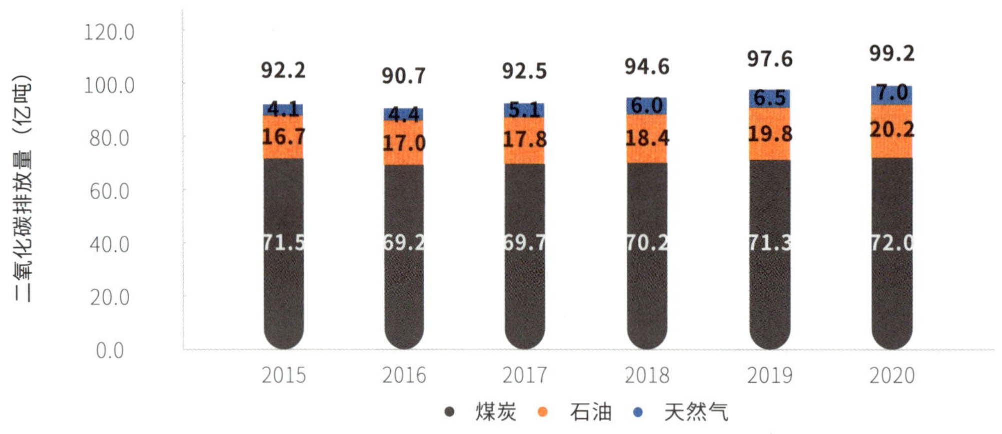

2015—2020年能源相关二氧化碳排放量

数据来源：根据国家统计局及国家发展和改革委员会相关资料整理

二氧化碳排放强度不断下降。经初步测算，2020 年与能源相关二氧化碳排放量约 99.2 亿吨，同比增长 1.6%。2020 年全国万元国内生产总值二氧化碳排放较 2015 年下降 18.8%，超额完成“十三五”提出的降低 18% 的目标。

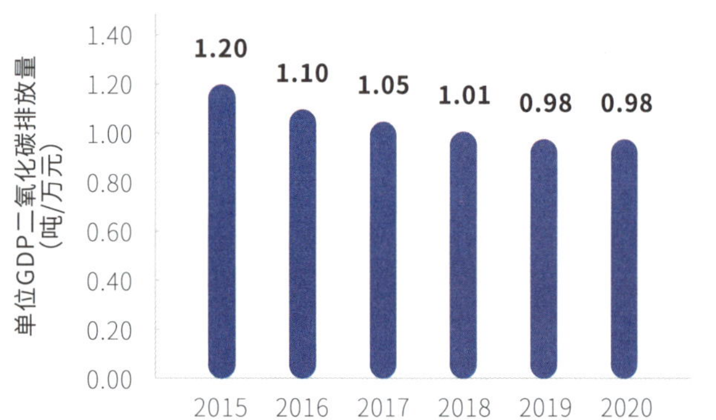

2015—2020年全国单位GDP二氧化碳排放量（2020年可比价格）

数据来源：根据国家统计局及国家发展和改革委员会相关资料整理

能源体制改革深入推进。贯彻落实党中央、国务院《关于进一步深化电力体制改革的若干意见》《关于深化石油天然气体制改革的若干意见》，坚持深化能源体制机制改革，深入推进“放管服”改革，能源治理方式实现重大转变。

能源科技创新持续推进。能源科技创新能力和技术装备自主化水平显著提升，建设了一批具有国际先进水平的重大能源技术示范工程，能源技术装备、关键部件材料对外依存度有所降低。技术创新多点开花，煤炭、深水油气、天然气水合物开采技术以及特高压、核电、光伏电池、燃气轮机等技术均获重大突破。

能源国际合作全面深化。以“一带一路”能源合作为重点，“引进来”与“走出去”同步发力，全方位拓展能源国际合作，加快从全球能源治理的重要参与者、贡献者向引领者转变。

1.2.2 2020 年能源供需形势

能源消费增速放缓，结构不断优化。受到新冠肺炎疫情影响，2020 年，我国能源消费总量 49.8 亿吨标准煤，比上年增长 2.2%，增速比上年回落 1.1 个百分点。2020 年，我国煤炭消费量占能源消费总量的 56.8%，比上年下降 0.9 个百分点；天然气、水电、核电、风电等清洁能源消费量占能源消费总量的 24.3%，比上年上升 1 个百分点。非化石能源占一次能源消费的比重达到 15.9%，比上年提高 0.6 个百分点。

能源生产稳定增长。2020 年，能源企业克服疫情不利影响，积极推动复工复产增产，能源生产稳定增长，有力保障了能源供应和安全。全年一次能源生产总量 40.8 亿吨标准煤，同比增长 2.8%。其中，原煤产量 39.0 亿吨，比上年增长 1.4%，增速比上年回落 2.6 个百分点；原油产量 1.95 亿吨，比上年增长 1.6%，增速比上年加快 0.8 个百分点；天然气产量 1925 亿立方米，比上年增长 9.8%，增速与上年持平；发电量 7.8 万亿千瓦时，比上年增长 3.7%，增速比上年回落 1 个百分点。

能源利用效率进一步提高。2020 年，我国单位产值能源消费为 0.49 吨标准煤 / 万元（2020 年可比价格），比上年下降 0.1%。其中，规模以上工业单位增加值能耗下降 0.4%。重点耗能工业企业单位电石综合能耗下降 2.1%，单位合成氨综合能耗上升 0.3%，吨钢综合能耗下降 0.3%，单位电解铝综合能耗下降 1.0%。

能源生产和输送效率持续提升。2020 年，大型煤炭企业原煤生产综合能耗 10.51 千克标准煤 / 吨，同比下降 3.8%；大型煤炭企业原煤生产电耗 20.2 千瓦时 / 吨，同比下降 2.9%。全国单机 6 兆瓦以上火电机组平均供电标准煤耗率约 305.5 克标准煤 / 千瓦时，比上年同期降低 0.9 克标准煤 / 千瓦时；新建机组平均供电标准煤耗率低于 300 克标准煤 / 千瓦时，继续保持世界先进水平。电网企业不断加强运行管理，厂用电、电网线损率实现“双降”，厂用电率降至 4.6%（中电联 1 月—11 月累计数据），电网线损率降至 5.6%，同比下降 0.3 个百分点。每千瓦时火力发电标准煤耗下降 0.6%。炼油综合能耗降至 65 千克标准油 / 吨。

1.3

能源转型发展趋势

国家战略导向

开启全面建设社会主义现代化国家新征程，能源系统清洁低碳、安全高效转型全面提速

“双碳”目标的提出，一方面给可再生能源发展按下“加速键”，将推动风电、太阳能发电等快速发展，煤炭、石油等化石能源消费尽早达峰，电能替代加速推进。另一方面，大规模可再生能源电力并网将引发电力系统消纳、安全稳定等一系列问题，进而对电力系统规划布局、运行控制以及硬件水平等提出更高要求，还将催生储能、氢能等领域的技术突破和产业化应用。

国民经济和社会发展“十四五”规划纲要明确“十四五”期间单位国内生产总值能耗下降 13.5%，当前我国能源消费仍呈现持续增长态势，未来应继续调整优化产业结构，摆脱粗放发展模式的路径依赖，加强工业、建筑、交通等重点领域的节能减排，在需求侧加快形成绿色生产生活方式。

内需导向

城镇化建设与双循环格局拉动能源消费持续增长

2020 年末，我国常住人口城镇化率超过 60%，比 2000 年增长了约 23 个百分点，但与发达国家相比还有 20 个百分点左右的差距，未来我国城镇化建设还有较大发展空间。城镇化过程将直接拉动建筑业、设备制造业、采矿业以及钢铁、建材、化工等高耗能原材料行业的能源需求。从布局来说，由于建材普遍重量较大、价格较低，远距离运输经济性差，因此建材行业的产量分布和建筑竣工面积相关性较大；钢铁、化工行业布局与资源关系较大，受到需求的影响相对较小。随着城镇化建设重心逐渐西移，建材行业的布局也将西移。

双循环发展格局下，国内消费将持续增长。2020 年我国居民人均可支配收入 32189 元，与世界发达国家相比还有很大提升潜力。居民消费将直接拉动第三产业和轻工业的发展，电力、燃气和水的生产供应业、农业、交通运输业、化工行业等也受居民消费影响较大。由国内消费拉动的传统产业中，大部分行业技术门槛不高，对资源依赖程度不高，不需要大规模出口所需的港口，比较容易发生产业转移。随着新时代西部大开发的推进，面向国内市场的许多行业都将迎来向中西部的转移，届时能源消费的布局也将相应地西移。

市场导向

竞争性资源配置和日渐完善的价格机制加速推动能源资源优化配置

随着油气勘查开采体制改革有序展开，油气管网管输和销售业务分离改革逐步推进，配售电业务对社会资本开放，配售电、储能、综合能源服务等新兴市场主体迅速涌现，能源市场主体将更趋多元化，竞争性资源配置能力显著增强。煤炭、原油期货、天然气现货、电力现货、辅助服务、碳排放权等交易平台日趋完善，有效竞争的能源市场将在能源资源配置中发挥越来越重要的作用。随着市场决定能源价格的机制逐渐完善，充分竞争的市场条件将加速能源资源流动，催生技术革新，推进资源优化配置，能源发展更高质量、更有效率、更公平、更可持续。

用户导向

能源供应将围绕着综合能源服务和个性化定制服务展开

人类对综合能源的终端需求是能源发展的根本动力。然而，长期以来，对能源的管理采用以单一品种为对象的方式，各能源品种之间存在行业壁垒。必须在运营模式、商业模式等方面打破壁垒，在供应侧推进能源一体化和集成互补，在需求侧促进电、热、气等耦合替代，建设综合能源系统，才能从根本上降低工业企业供能成本，促进实体经济健康发展。

随着能源供应质量的升级和用户需求的多样性增加，个性化定制服务将成为能源供应的新风向。提供与用户需求匹配的能源服务，在一定程度上能降低需求不确定性所导致的成本，并有更大机会售得更高价格。数字化、信息化技术的进步将提高需求预测和精准匹配能力，进一步加快能源服务个性化进程。

能流图

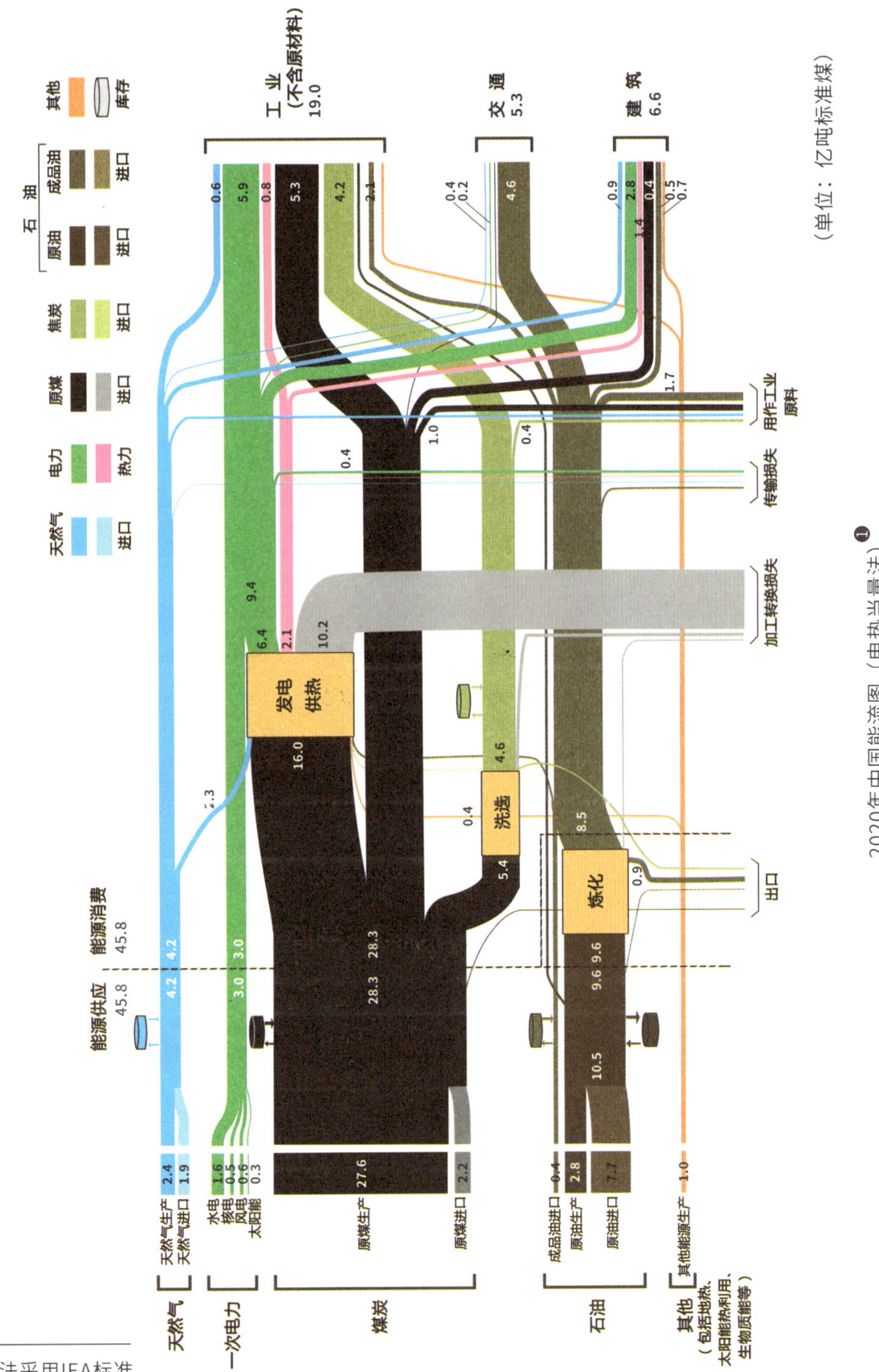

2020年中国能流图（电热当量法）❶

（单位：亿吨标准煤）

❶ 部门分类方法采用IEA标准

02

能源消费篇

ENERGY CONSUMPTION

2020 年，我国能源消费总量 49.8 亿吨标准煤，比上年增长 2.2%。其中，煤炭、石油消费小幅增长，电力消费平稳增长，天然气消费较快增长。清洁化转型持续推进，煤炭消费量占能源消费总量的 56.8%，比上年下降 0.9 个百分点；天然气、水电、核电、风电等清洁能源消费量占能源消费总量的 24.3%，上升 1.0 个百分点。能源替代和节约加速推进。受供需失衡影响，国际油气价格出现大幅波动。

2.1 总体情况

“十三五”期间能源消费总量控制在

50亿吨标准煤 以内

年均增速

 2.8%

非化石能源消费比重达到

15.9%

能源清洁低碳转型持续加速。严格落实能源消费总量和强度“双控”制度，“十三五”期间能源消费总量控制在 50 亿吨标准煤以内，年均增速 2.8%，以较低的增速保障了经济健康发展。能源消费结构持续优化，清洁能源在能源消费增量中的份额增长到 65% 以上，非化石能源消费比重增长到 15.9%，天然气消费年均增速超过 10%，电力占终端能源消费比重增长到 27% 左右，煤炭消费比重降至 56.8%。“十三五”期间，我国 GDP 平均增速为 5.7%，能源、电力平均增速分别为 2.8% 和 5.7%，平均能源、电力消费弹性系数分别为 0.49 和 1.0。

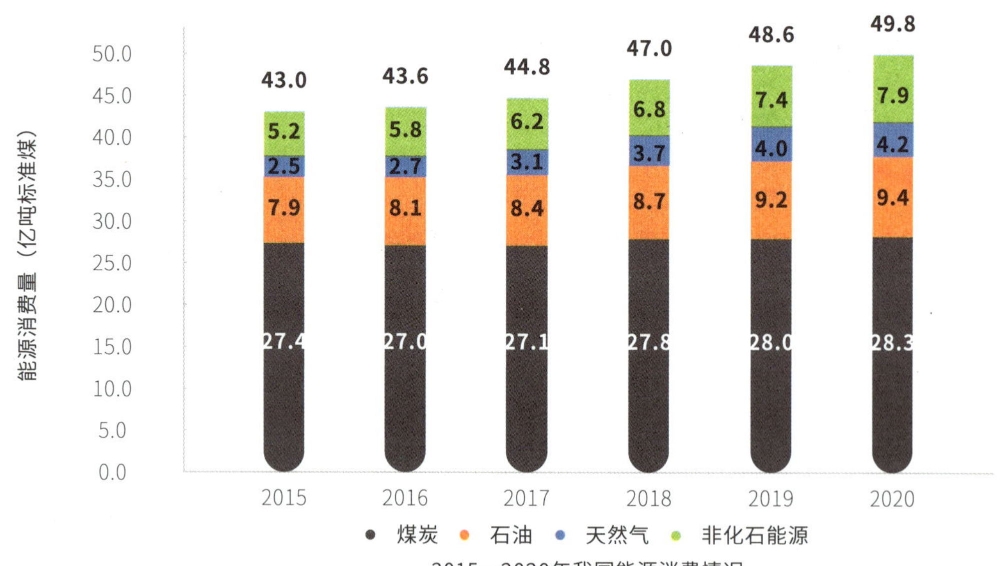

2015—2020年我国能源消费情况

数据来源：国家统计局、国家能源局及相关资料整理

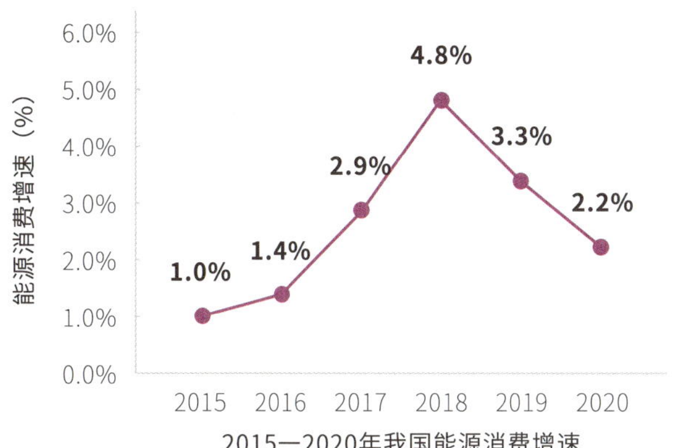

2015—2020年我国能源消费增速

数据来源：国家统计局、国家能源局及相关资料整理

能源消费小幅增长。2020年，我国能源消费保持增长，总量达到49.8亿吨标准煤，比上年增长2.2%，由于疫情影响，增速比上年回落1.1个百分点。其中，煤炭消费量增长0.6%，原油消费量增长3.3%，天然气消费量增长7.2%，电力消费量增长3.1%。随着我经济社会秩序持续稳定恢复，能源需求呈逐步回升态势，四个季度的能源消费增速分别为-6.8%、3.2%、4.9%和6.5%。

2020年我国能源消费总量

49.8亿吨标准煤

比上年增长

2.2%

增速比上年回落

1.1个百分点

能源消费结构继续优化。2020年，我国煤炭消费量占能源消费总量的56.8%，比上年下降0.9个百分点；石油消费比重18.9%，下降0.1个百分点；天然气消费比重8.4%，比上年上升0.4个百分点；非化石能源消费量比重15.9%，比上年上升0.6个百分点。天然气、水电、核电、风电等清洁能源消费量占能源消费总量的24.3%，比上年上升1.0个百分点。

2020年煤炭消费占比较上年下降

0.9个百分点

非化石能源消费占比上升

0.6个百分点

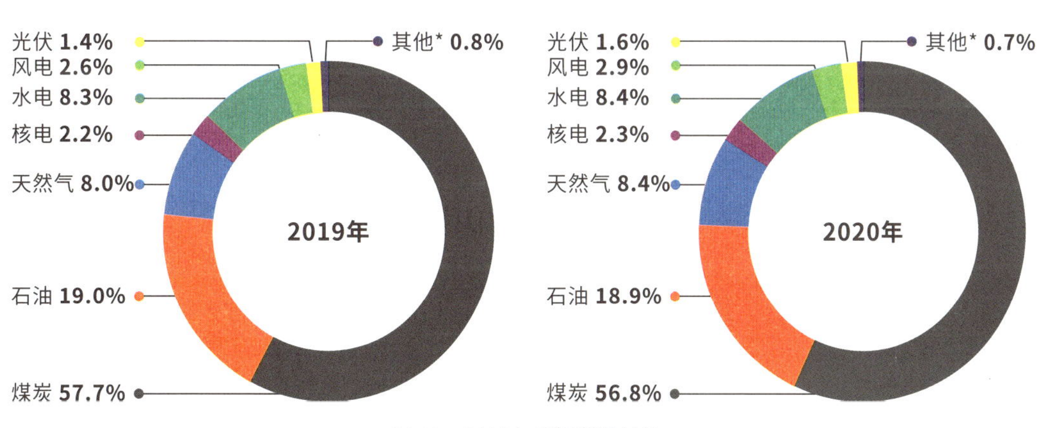

2019—2020年能源消费结构

数据来源：国家统计局、国家能源局及相关资料整理

注*：含太阳能热利用

2.2
煤炭消费

2020年我国煤炭
消费小幅增长
全年煤炭消费
40.4亿吨

同比增长
0.6%

“十三五”期间
煤炭消费占比下降

7个百分点

2020 年，我国煤炭消费小幅增长，全年煤炭消费 40.4 亿吨，同比增长 0.6%。我国的煤炭消费总量控制在“十三五”时期取得了瞩目成就，煤炭消费量经 2016 年小幅下降后缓慢回升，“十三五”期间煤炭消费量控制在 40.4 亿吨以内。

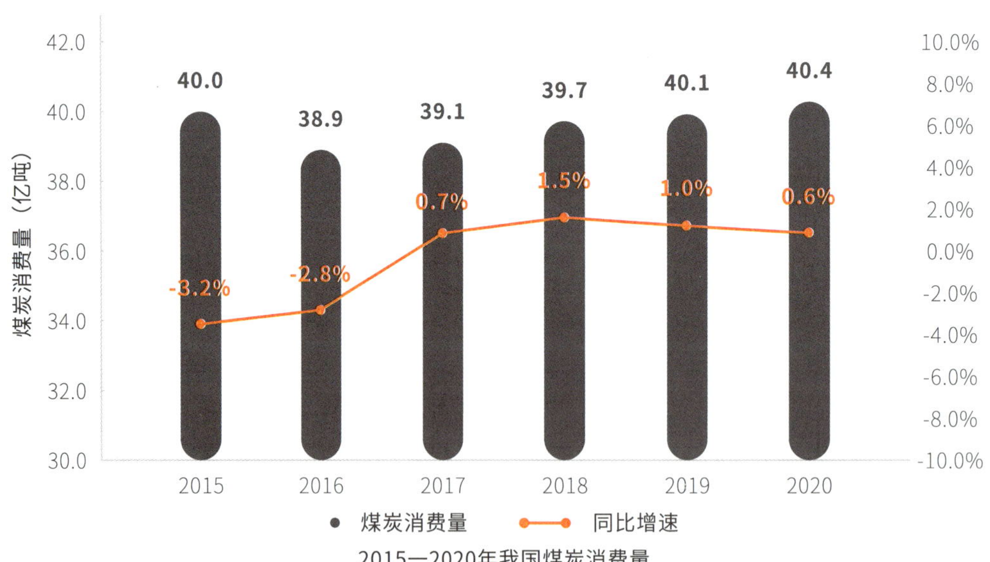

2015—2020年我国煤炭消费量

数据来源：国家统计局

分行业看，2020年电力行业煤炭消费量21.1亿吨，占煤炭消费总量的52.1%；钢铁行业6.9亿吨，占17.1%；建材行业5.0亿吨，占12.4%；化工行业2.9亿吨，占7.2%；其他行业和居民生活消费4.5亿吨，占11.2%。

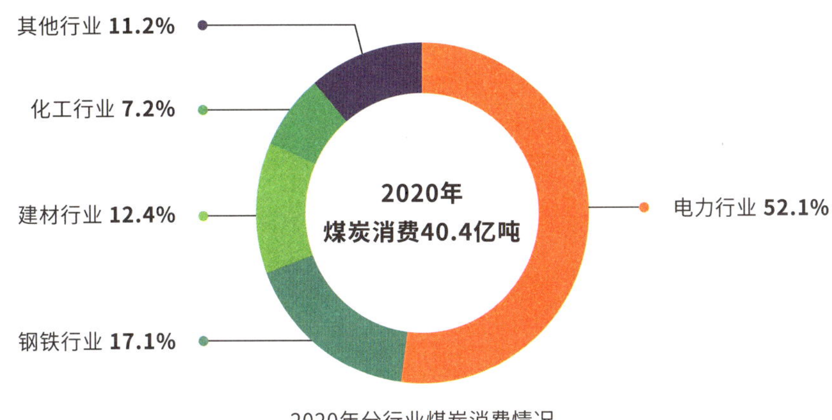

2020年分行业煤炭消费情况

数据来源：煤炭工业协会

受疫情冲击，2020年煤炭经济运行形势复杂多变，供需阶段性错位失衡矛盾突出。5月CCTD环渤海动力煤价格降至475元/吨，较上年同期降低23%。下半年随着疫情防控取得显著效果，宏观经济稳步恢复增长，加之气候因素、进口煤月度不均衡等多种因素影响，煤炭供需关系出现了阶段性市场偏紧或宽松的现象，市场现货价格有较大幅度波动。入冬以后，用电需求快速增长，电煤需求增加，煤炭供需出现结构性偏紧，煤炭市场价格快速上涨。2020年底环渤海动力煤价格上涨至679元/吨，高出上年同期23%。相比之下，煤炭长协价格基本稳定在合理区间，2020年秦皇岛长协价格（5500大卡）全年均价为543元/吨，同比下降仅12元/吨。炼焦煤价格同比下降，2020年CCTD唐山炼焦煤价格上半年跌幅明显，全年均价为1420元/吨，同比下降5%。

煤炭现货价格先降后升

长协价格保持稳定

炼焦煤价格同比下降

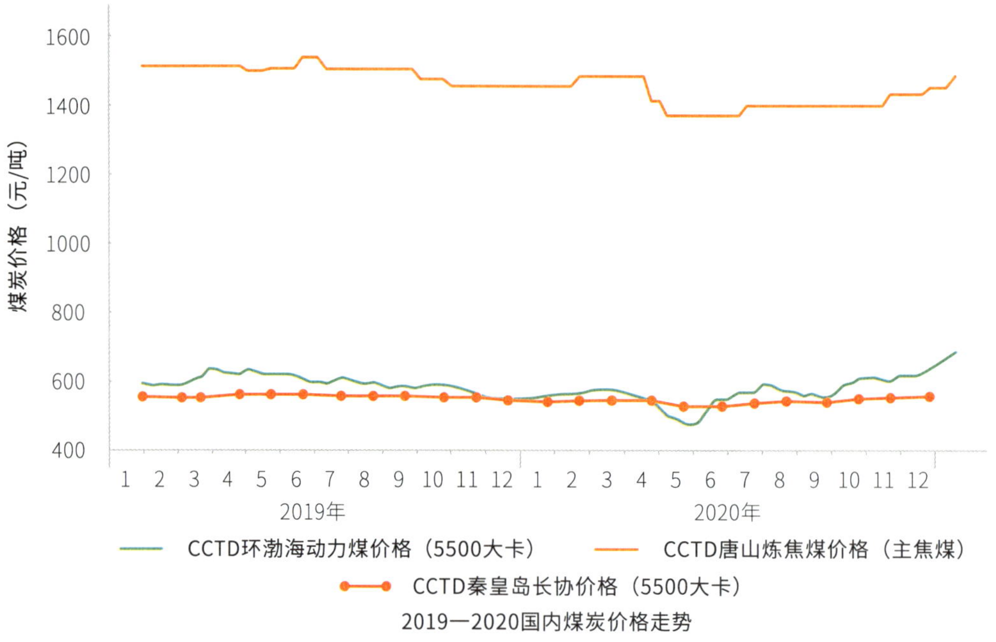

2019—2020国内煤炭价格走势

数据来源：CCTD煤价指数中心

"十三五"期间
煤炭消费占比
持续下降

2020年降至

 56.8%

提前一年完成
《"十三五"能源
发展规划》目标

"十三五"期间，煤炭消费比重明显下降。煤炭消费在能源消费总量中的占比呈明显下降趋势，煤炭消费占比已从2015年的63.8%降至2020年的56.8%，2019年即已完成《"十三五"能源发展规划》58%的约束目标。然而，应看到，目前煤炭消费56.8%的占比仍然过高，煤炭消费仍是我国空气污染和碳排放的主要来源。随着"双碳"目标日益明晰，煤炭行业将面临全面转型。

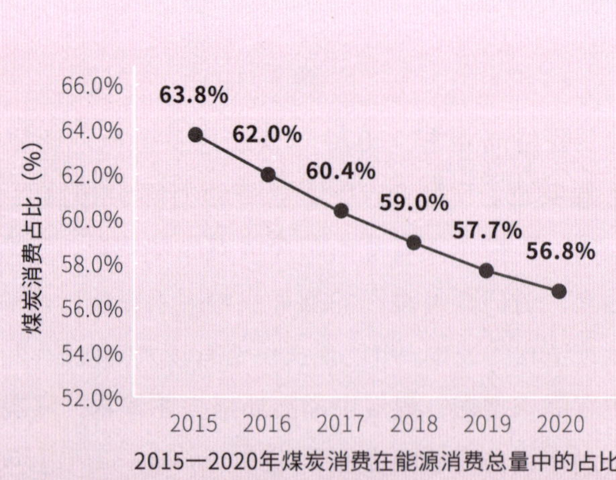

2015—2020年煤炭消费在能源消费总量中的占比

数据来源：根据国家统计局相关资料整理

2.3 石油消费

2020 年，我国石油消费增速有所减缓，全年石油表观消费量约 6.6 亿吨，同比增长 2.3%，增速比上年降低 4.3 个百分点。2020 年成品油消费量约 2.88 亿吨，同比下降 7.2%，较上年下降 2.6 个百分点。

2020年石油消费量约

6.6亿吨

同比增长

2.3%

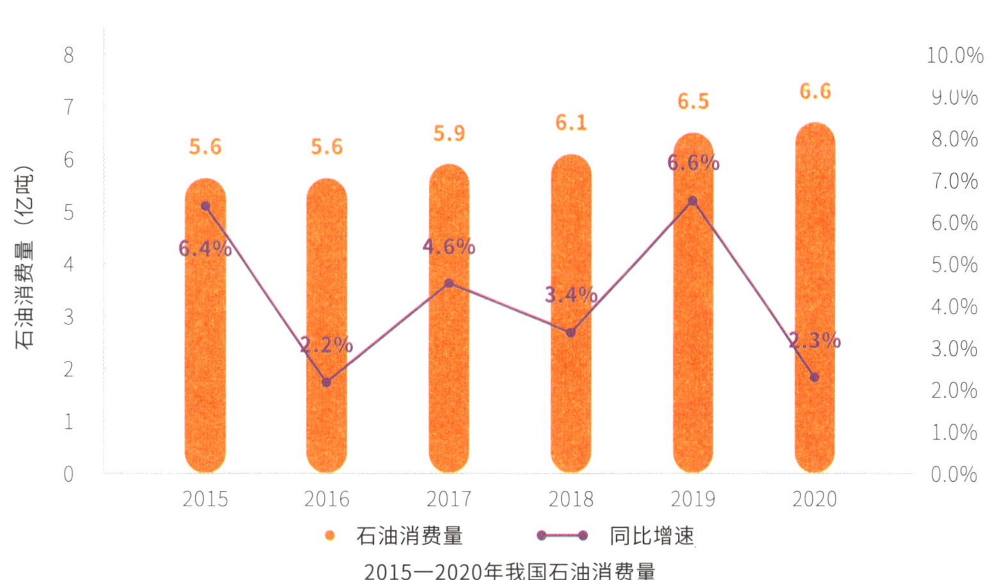

2015—2020年我国石油消费量

数据来源：国家统计局

2020年2月成品油消费降至最低点

5月恢复往期水平

上半年交通运输业受新冠肺炎疫情影响较大，2 月成品油消费量降低至 1775 万吨，同比降低 30%。5 月以后，随着国内疫情防控形势好转，成品油消费量迅速攀升至往年同期水平，7 月成品油消费量同比增长 14%。疫情防控提振了部分医用化工原材料需求，化工用油需求增长，加速了石油需求结构向化工轻油转型的趋势。

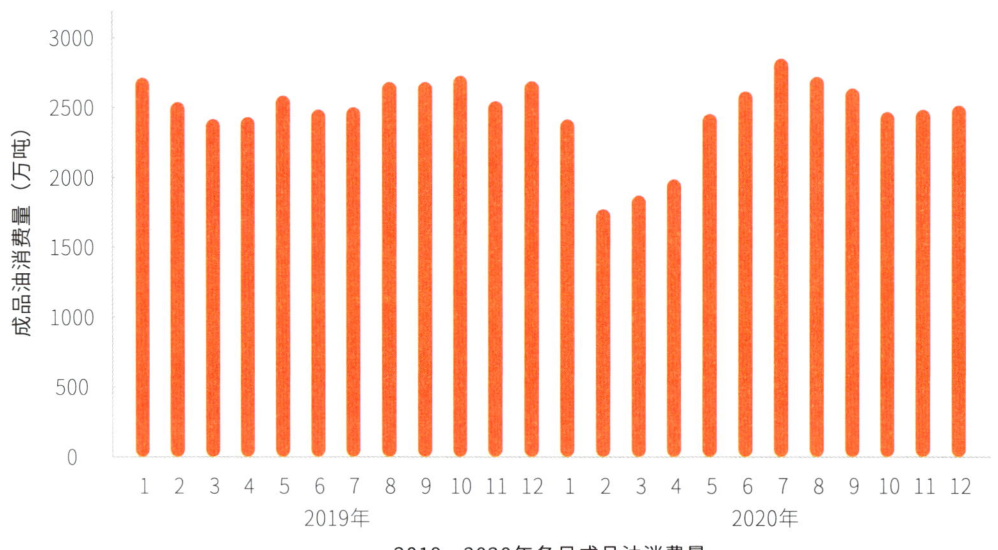

2019—2020年各月成品油消费量

数据来源：万得资讯

“负油价”震惊世界

2020 年国际油价同比大幅下跌，出现历史性的负油价。2020 年布伦特均价 42 美元 / 桶，同比下跌约 30%；WTI 均价 39 美元 / 桶，同比下跌约 20%。4 月 20 日 WTI 原油期货合约出现 –37.63 美元 / 桶的负价格，4 月 21 日布伦特油价跌至 2002 年以来最低价 19.33 美元 / 桶。

中国原油综合进口到岸价格（不含关税、增值税）

数据来源：上海石油天然气交易中心

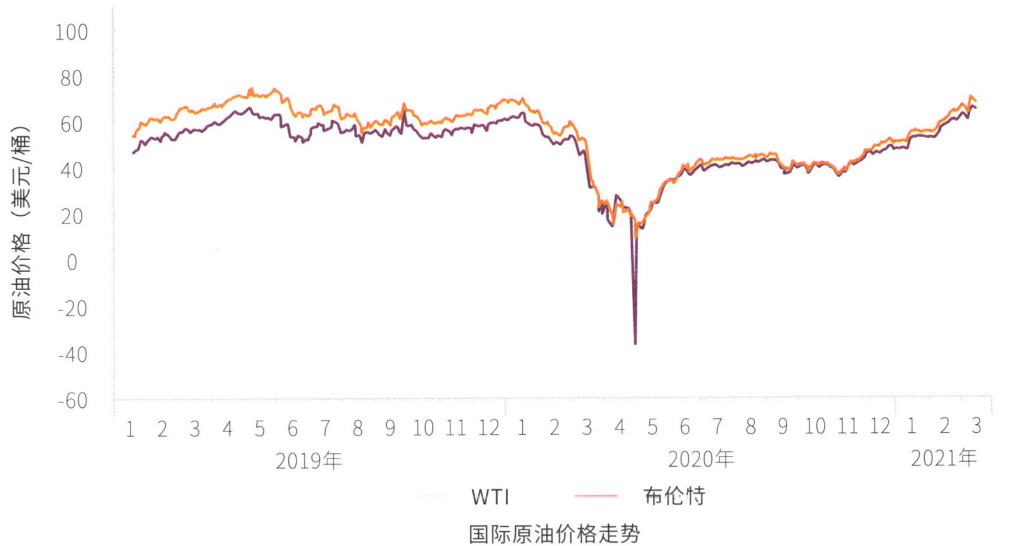

国际原油价格走势

数据来源：EIA

“十三五”期间，石油消费较快增长。我国石油消费从2015年的5.6亿吨增至2020年的6.6亿吨，年均增长3.3%，超出《石油发展“十三五”规划》中2020年5.9亿吨的预期目标。石油消费超出预期的原因，一是“十三五”汽车销售量和保有量超预期增长，截至2020年底，我国汽车保有量已达到2.8亿俩，超过美国成为第一汽车大国；二是炼化转型升级替代了部分原料进口，变相增加了石油消费；三是石油储备及生产库存增加，特别是利用2020年国际原油价格下跌机会，国内企业加大了原油进口和增储力度；四是新能源汽车、天然气重卡、煤制油、生物乙醇等替代能源发展不及预期。

“十三五”期间
石油消费年均增长

3.3%

2020年石油
消费量达到
6.6亿吨

超出《石油发展
“十三五”规划》中
5.9亿吨的预期目标

2.4

天然气消费

2020年天然气
消费量约
3288亿立方米

同比增长

 7.2%

较“十三五”前几年
增速有所放缓

2020 年天然气消费量约 3288 亿立方米，同比增长 7.2%，较“十三五”前几年增速有所放缓。工业用气和城市燃气是全年天然气消费增长的主要力量，交通领域新增用气车辆集中于 LNG 重卡等商用车部分，发电领域用气增速有所降低。

2015—2020年我国天然气消费量

数据来源：国家统计局

分部门来看，2020 年工业燃料部门天然气消费量 1240 亿立方米，城市燃气消费量 1205 亿立方米，发电用气 549 亿立方米，化工用气 287 亿立方米。

上半年国际天然气价格大幅下跌

下半年止降回升

2020 年，新冠肺炎疫情大幅冲击天然气市场，全球天然气需求同比减少 4%，自 2009 年金融危机后首次出现负增长。需求疲软导致天然气市场价格一度跌至历史低点。2020 年春季，受天气转暖和新冠疫情带来的需求下降影响，国际天然气价格不断下降。进入夏季 LNG 供应严重过剩，全球三大天然气市场价格创历年新低，普氏东北亚 LNG 现货价格（JKM）下跌至 1.8 美元 / 百万 BTU，美国亨利中心天然气期货价格（Henry Hub）下跌至 1.5 美元 / 百万 BTU，英国国家平衡点价格（NBP）跌至 1.1 美元 / 百万 BTU。进入冬季后，在天气偏冷导致亚洲冬季需求增长、巴拿马运河通航问题及 LNG 船运市场紧张、多个 LNG 出口项目计划外停产等因素情况下，东北亚 LNG 现货价格大幅攀升并带动欧洲气价大幅上涨，2020 年底，JKM 价格突破 15 美元 / 百万 BTU。2020 年全年 JKM 均价为 4.3 美元 / 百万 BTU，NBP 均价为 3.3 美元 / 百万 BTU，Henry Hub 均价为 2.13 美元 / 百万 BTU。

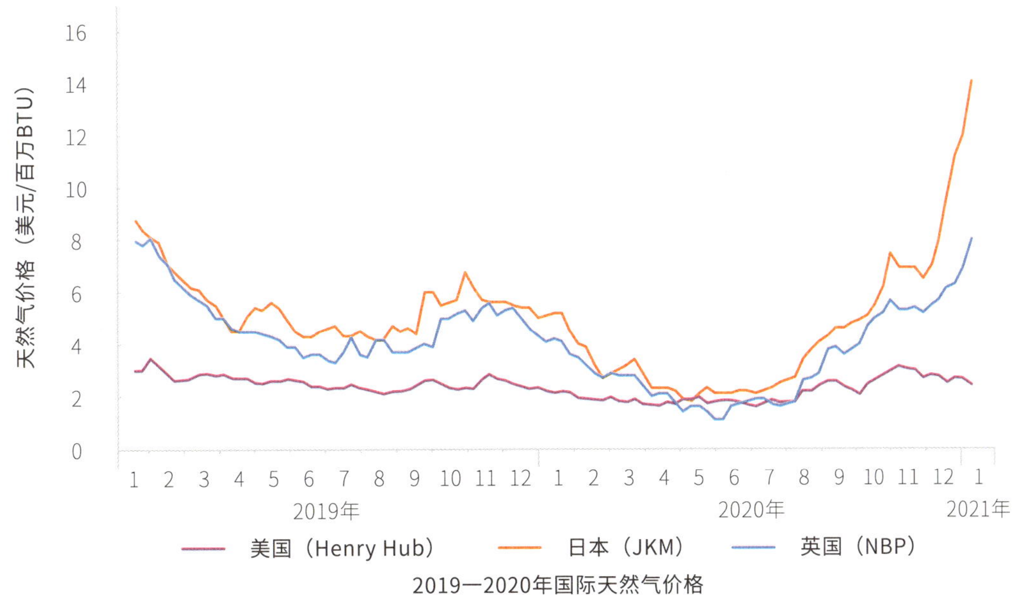

2019—2020年国际天然气价格

数据来源：EIA, JOGMEC

2020 年上半年，我国进口 LNG 到岸价格一路走跌，9 月降至全年最低点，较上年同期降低 50%，10 月起价格有所回升，年底进口 LNG 价格达到 2460 元/吨，低于上年同期 22%。

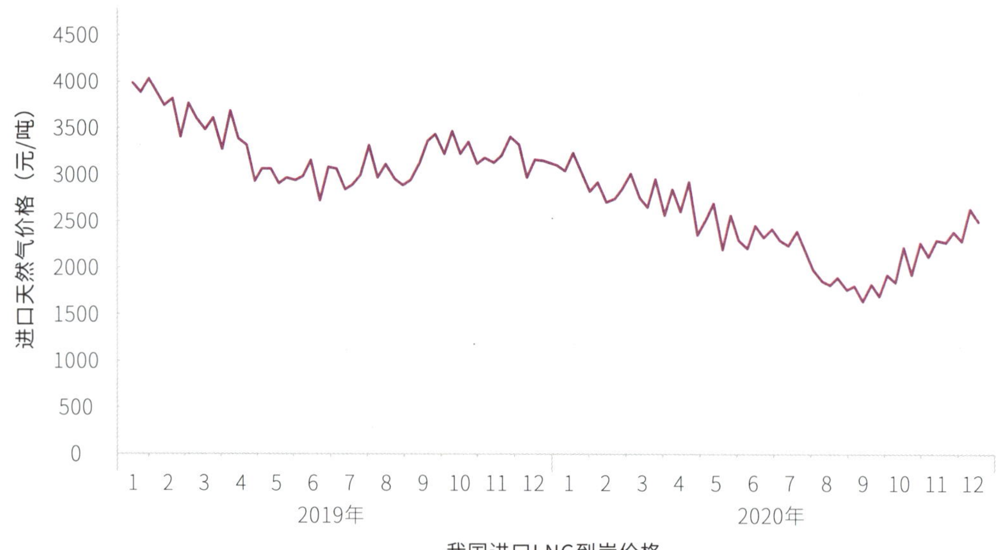

我国进口LNG到岸价格

数据来源：上海石油天然气交易中心

“十三五”期间
天然气消费
年均增长

 11.2%

“十三五”期间，政策支持下天然气消费高速增长。天然气作为清洁能源的地位迅速提升，对煤炭和石油的替代力度空前加大。2017年新版《加快推进天然气利用的意见》指出，将天然气培育作为我国现代清洁能源体系的主体能源之一，将城镇燃气、天然气发电、工业燃料升级、交通燃料升级四项工程作为重点任务，鼓励支持重点领域天然气利用。《打赢蓝天保卫战三年行动计划》和各省、地区陆续出台《大气污染防治条例》等文件，大力推进“煤改气”工程。天然气消费量从2015年的1932亿立方米增至2020年的3288亿立方米，年均增长11.2%。“十三五”期间天然气在一次能源消费中的比重提高约2.5个百分点。

2.5

电力消费

2020 年全社会用电量约 7.5 万亿千瓦时，同比增长 3.1%。受疫情影响，增速较 2019 年下降 1.4 个百分点。其中，第一产业用电量 859 亿千瓦时，同比增长 10.2%，较上年提高 5.7 个百分点；第二产业用电量 51215 亿千瓦时，同比增长 2.5%；第三产业受疫情影响较大，全年用电量 12087 亿千瓦时，同比增长 1.9%，较上年降低 7.6 个百分点；居民生活用电量 10950 亿千瓦时，同比增长 6.9%，较上年提高 1.2 个百分点。日均用电量达到 206 亿千瓦时；人均用电量达到 5320 度。

2020年全社会用电量达到

7.5万亿千瓦时

同比增长

3.1%

第三产业受疫情影响较大

同比增速较上年降低

7.6个百分点

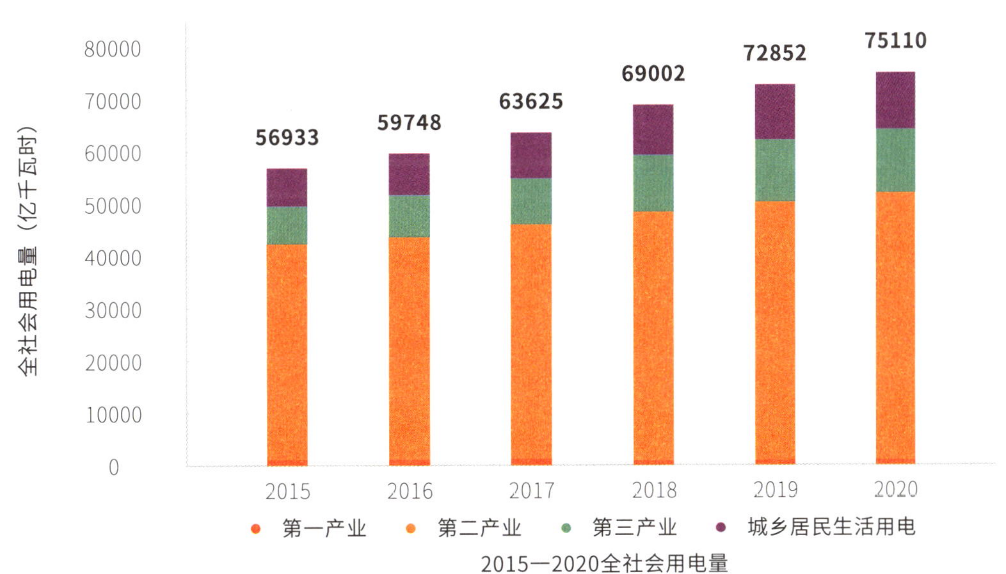

2015—2020全社会用电量

数据来源：国家能源局

4月用电量
增速由负转正

5月起恢复往年水平

遭受疫情冲击，2020 年第一季度用电量较上年同期大幅度下降，1 — 2 月用电量增速降至 –10.1%，较上年降低 17.3 个百分点；4 月用电量增速由负转正，5 月起用电量增速回归往年平均水平。

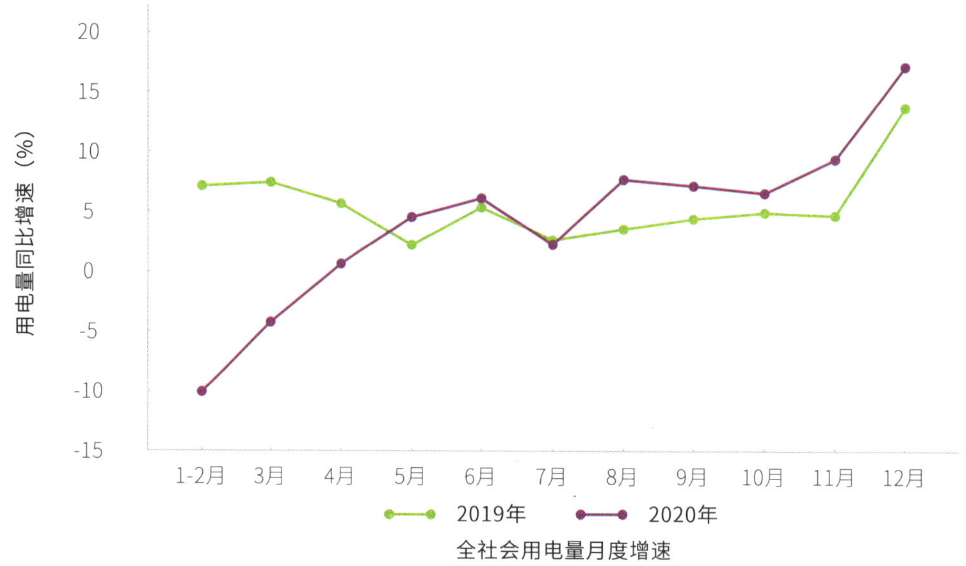

全社会用电量月度增速

数据来源：国家能源局

2020 年 1 月，财政部、国家发改委和国家能源局联合印发《关于促进非水可再生能源发电健康发展的若干意见》（财建〔2020〕4 号），明确新增海上风电和光热项目不再纳入中央财政补贴范围。3 月，国家发改委发布《关于 2020 年光伏发电上网电价政策有关事项的通知》（发改价格〔2020〕511 号），进一步下调光伏上网电价。现阶段，发电机组一部分电量执行政府核定的上网电价，另一部分电量参与市场交易，通过市场竞争形成，其中政府定价部分由国家发改委和省物价局按照价格管理权限分别制定。

我国各类电源上网电价统计表

电源类型	上网电价水平（元/kWh）
燃煤电厂	0.256~0.450
燃气电厂	0.543~1.2
水电	0.2~0.48
核电	0.3717（宁德#4、福清#3）~0.4350（台山一期）
陆上风电	补贴项目：0.29~0.47 平价上网项目：0.256~0.450
海上风电	0.75~0.80
光伏	补贴项目：0.35~0.49 平价上网项目：0.256~0.450
光热	1.15

数据来源：根据行业相关数据整理

2020 年 9 月 28 日国家发展改革委发布《关于核定 2020 ～ 2022 年省级电网输配电价的通知》（发改价格规〔2020〕1508 号），除北京、河北南网、冀北、蒙东等省区输配电价略有上调外，其它省区输配电价均呈现不同程度的下调趋势。

2020 年 7 月 28 日，国家发改委印发《关于做好 2020 年降成本重点工作的通知》，指出将继续降低一般工商业电价：降低除高耗能行业用户外的现执行一般工商业、大工业电价的电力用户到户电价 5% 至年底。根据国务院发布的 2020 年中央企业经济运行情况，中央企业坚决落实国家政策助企纾困，坚决执行国家降电价政策，合计降低用户用电成本约 1080 亿元。

“十三五”回顾

2020年全社会用电量达到

7.5万亿千瓦时

工业用电量占总用电量的比重降至

 67.0%

居民生活用电量比重增至

 14.6%

全社会用电量稳步增长。2020 年全社会用电量达到 7.5 万亿千瓦时，“十三五”期间年均增长 5.7%，超出《电力发展“十三五”规划》6.8 万亿千瓦时～ 7.2 万亿千瓦时的预期目标。

工业用电量比重逐年降低，居民生活用电量比重稳步升高。2020 年，工业用电量占总用电量的比重降至 67.0%，较 2015 年降低 4.6 个百分点。居民生活用电量占总用电量的比重升高至 14.6%，较 2015 年上升 1.8 个百分点。

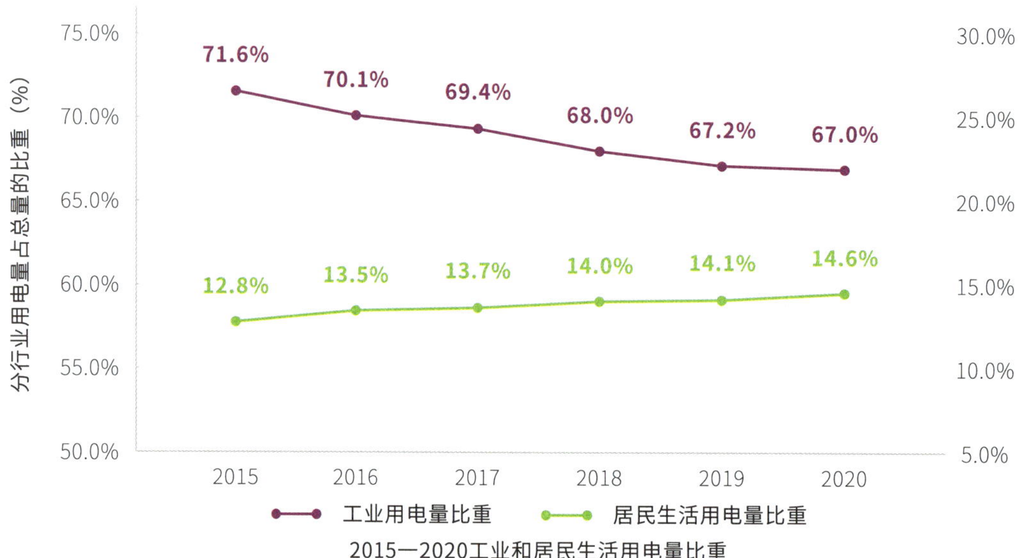

2015—2020工业和居民生活用电量比重

数据来源：根据国家能源局相关资料整理

2.6 能源替代和节约

化石能源替代加速推进。“十三五”期间，我国全面推进北方地区冬季清洁供暖，替代散煤 1.4 亿吨以上，清洁取暖率提升到 60% 以上。充电基础设施建设加快，2020 年底充电桩数量超过 160 万个，建成全球最大的充换电网络。

加速推进清洁供暖替代散煤

1.4亿吨以上

清洁取暖率达到

60%以上

需求侧响应全面铺开。2020 年，国家电网印发《国家电网有限公司电力需求响应工作两年行动计划（2020～2021 年）》，旨在进一步挖掘需求侧资源，扩大需求侧响应规模。11 月 25 日，国网山东省电力公司实施首次经济型填谷需求侧响应，出清电力负荷 10 万千瓦。11 月 27 日，进一步组织 374 家电力客户和 5 家负荷聚合商，实施紧急型填谷需求侧响应，最大填谷负荷 60.13 万千瓦。12 月 16 日，国网陕西省电力公司组织 60 家符合条件的市场主体开展需求侧响应，实现了电网高峰负荷调节 4205.5 千瓦。

山东、陕西等省区积极试点需求侧响应

新能源汽车销量
同比增长
 10.9%

新能源汽车
保有量达
492万辆

占汽车总量的
1.75%

新能源汽车销量止降回升。继 2019 年新能源汽车销量短暂下跌之后，2020 年新能源汽车累计销售 136.7 万辆，同比增长 10.9%。其中，纯电动汽车累计销售 111.5 万辆，同比增长 11.6%；插电式混合动力汽车累计销售 25.1 万辆，同比增长 8.4%；燃料电池汽车累计销售 1000 辆，同比下降 56.8%。与上年相比，纯电动汽车和插电式混合动力汽车产销均呈增长，表现均明显好于上年。截至 2020 年底，全国新能源汽车保有量达 492 万辆，占汽车总量的 1.75%，比 2019 年增加 111 万辆，增长 29.2%。其中，纯电动汽车保有量 400 万辆，占新能源汽车总量的 81.3%。新能源汽车增量连续三年超过 100 万辆，呈持续高速增长趋势。

充换电服务业用电量
同比增长
 71.6%

交通领域电能替代持续推进。充换电服务业用电量 117 亿千瓦时，同比增长 71.6%。城市公共交通运输业用电量 231 亿千瓦时，同比增长 0.5%。电气化铁路和港口岸电用电量略有下降。

交通领域用电量

单位：亿千瓦时

领域	2020年	同比增速
充换电服务业	117	71.6%
城市公共交通运输	231	0.5%
电气化铁路	691	-4.0%
港口岸电	4.2	-6.9%

数据来源：国家能源局

货运公铁比进一步减小。2020 年，我国公路货物周转量 60172 亿吨公里，同比提高 0.9%；铁路货物周转量 30514 亿吨公里，同比提高 1.0%，公铁比降至 2.0，与发达国家的差距进一步缩小。由于单位货物周转量公路运输能耗远远高于铁路运输能耗，因此“公铁比”的进一步降低、“公转铁”的持续推进，能够有效提高运输效率，减小能源消耗。

货运公铁比降至

与发达国家的差距进一步缩小

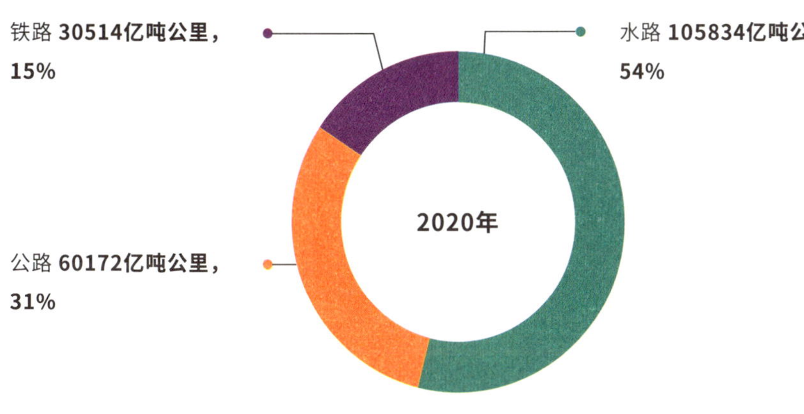

2020年我国货物周转情况

数据来源：公安部交通管理局

03

能源供应篇

ENERGY PRODUCTION

2020 年，能源企业克服疫情不利影响，积极推动复工复产增产，能源生产稳定增长，有力保障了能源供应和安全。全年一次能源生产总量 40.8 亿吨标准煤，同比增长 2.8%，其中原煤、原油、天然气产量同比增长 1.4%、2.1%、9.3%。电力供应保障能力持续增强，发电结构不断优化。能源基础设施建设稳步推进，能源贸易保持增长。

3.1 总体情况

3.1.1 能源生产总量和结构

2020年能源生产总量达到

40.8亿吨标准煤

同比增长

 2.8%

能源生产总体稳中有升。2020 年一次能源生产总量达到 40.8 亿吨标准煤，同比增长 2.8%，其中煤炭占 67.7%，石油占 6.8%，天然气占 6.3%，非化石能源占 19.2%。

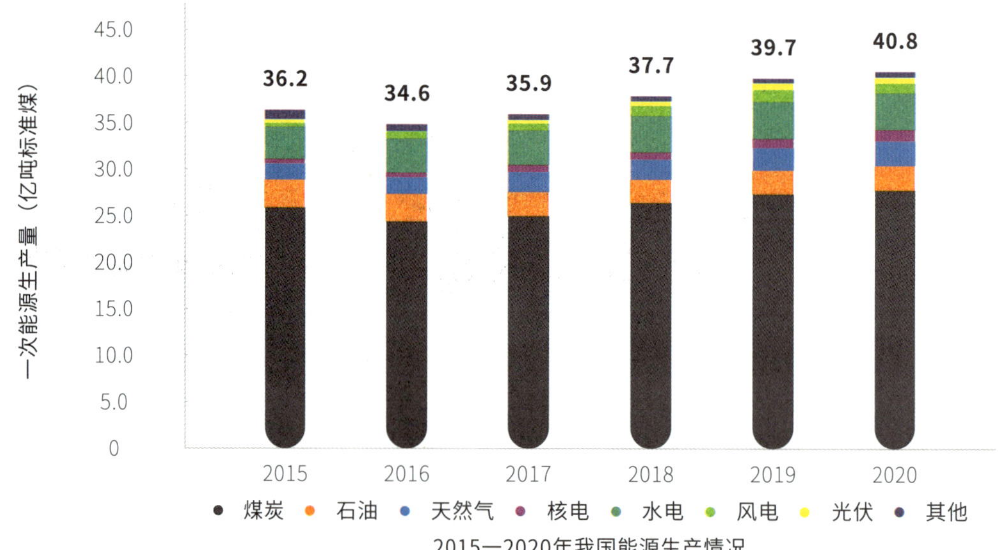

2015—2020年我国能源生产情况

数据来源：国家统计局、国家能源局

能源产量	原煤	生产总量：39.0亿吨	↑ 1.4%
	原油	生产总量：1.95亿吨	↑ 1.6%
	天然气	生产总量：1925亿立方米	↑ 9.8%
	一次电力	发电量2.45万亿千瓦时	↑ 7.5%
转换能力	炼油	能力：8.9亿吨/年	↑ 3.0%
	火电	装机容量：12.45亿千瓦	↑ 4.7%
	煤炭深加工	煤制油：778万吨/年，煤制气51亿立方米/年	

能源供应保障能力不断增强。煤炭仍是保障能源供应的基础能源，2020 年原煤产量 39.0 亿吨，同比增长 1.4%。油气供应能力进一步增强，原油产量 1.95 亿吨，同比增长 1.6%；天然气产量 1925 亿立方米，同比增长 9.8%。可再生能源开发利用规模快速扩大，水电、风电、太阳能发电累计装机容量均居世界首位，一次电力及其他能源生产量约 7.8 亿吨标准煤，同比增长约 38.8%。

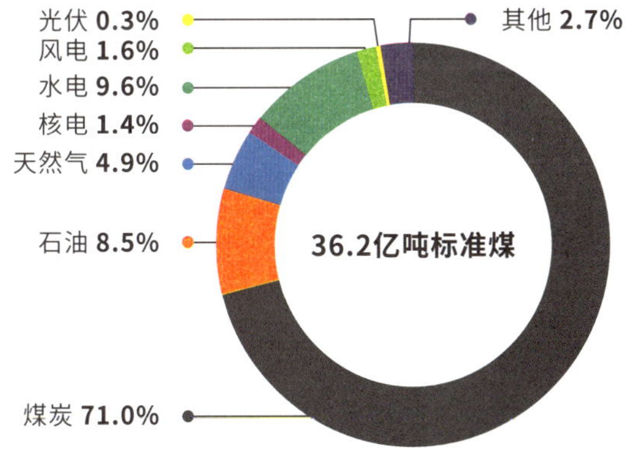

2015年我国能源生产结构

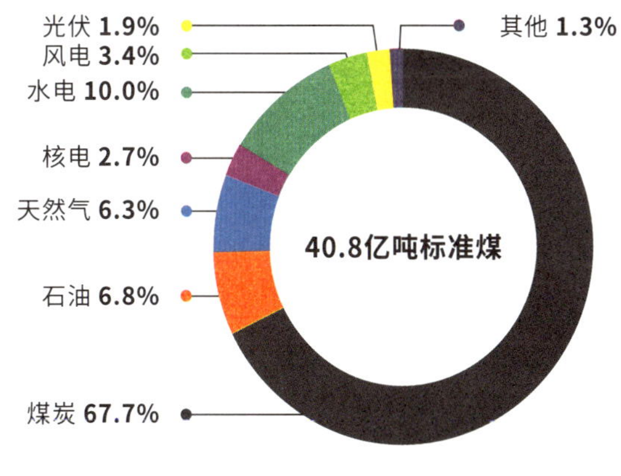

2020年我国能源生产结构

数据来源：国家统计局、国家能源局及相关资料整理

3.1.2 发电结构

2020年非化石能源发电装机比重
44.7%

非化石能源发电量比重
33.9%

发电结构不断优化。“十三五”期间，煤电装机增速有所放缓，非化石电源装机比重不断提升。2020 年煤电装机比重降至 49.1%，较 2015 年降低约 10 个百分点；非化石能源发电装机比重达到44.7%，较2015年提高约10个百分点，超出“十三五”规划目标5.7个百分点。煤电发电量在总发电量中的比重逐年下降，2020 年降至 60.8%；非化石能源发电量占总发电量的比重逐年上升，2020 年达到 33.9%，超出“十三五”规划目标 2.9 个百分点。

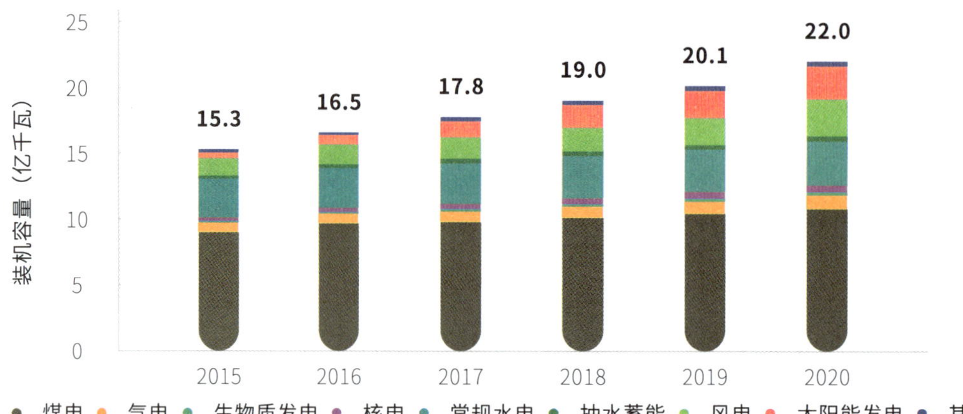

2015—2020年我国电源装机

数据来源：国家能源局

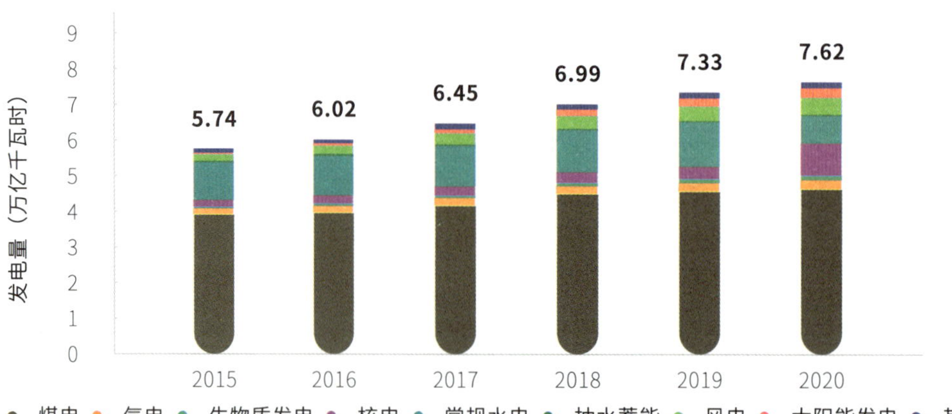

2015—2020年我国发电量结构

数据来源：国家能源局

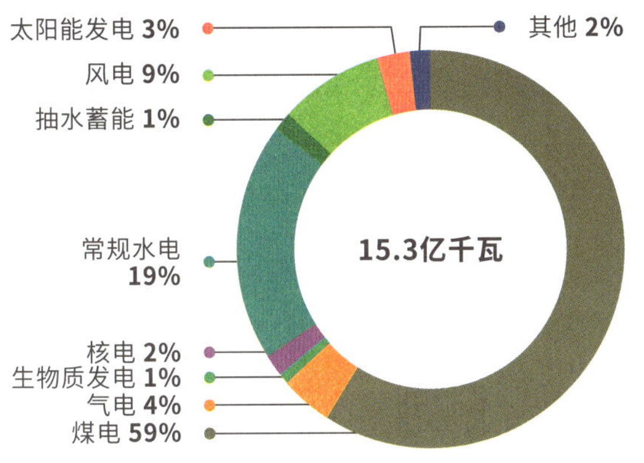

2015年我国电源装机结构

数据来源：国家统计局、国家能源局及相关资料整理

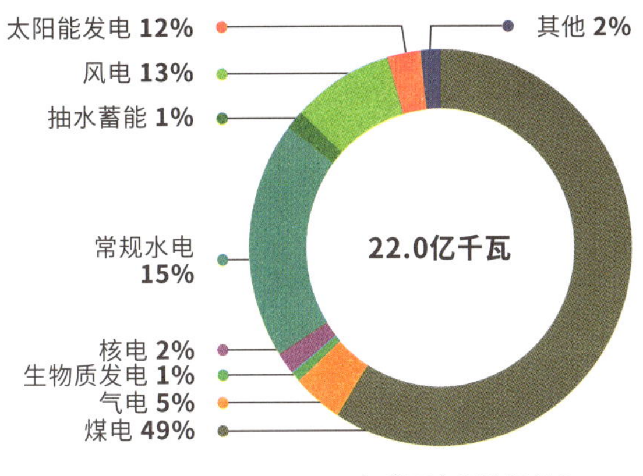

2020年我国电源装机结构

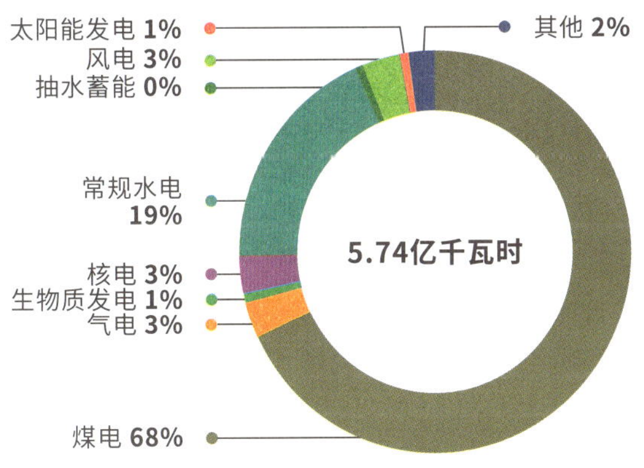

2015年我国发电量结构

数据来源：国家统计局、国家能源局及相关资料整理

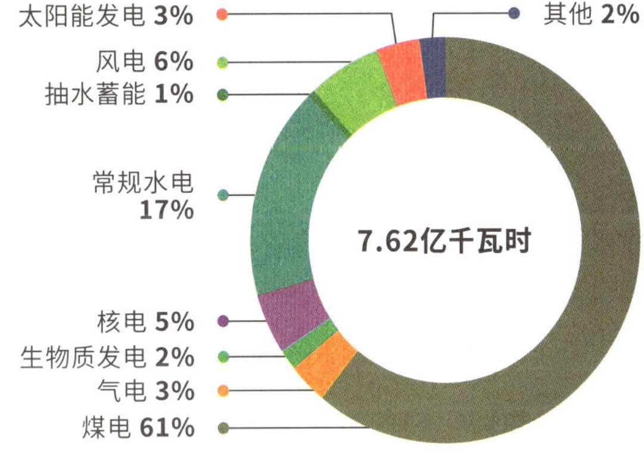

2020年我国发电量结构

3.1.3 能源行业投资

2020年能源行业投资同比
+7.1%

电源投资
+29.2%

油气勘探开发投资
-29.6%

不同能源领域投资趋势差异较大。2020 年，主要能源行业固定资产投资同比提高 7.1%。其中，受风电、光伏“抢装潮”影响，2020 年电源投资大幅增长，同比增长 29.2%，石油、煤炭及其他燃料加工业投资同比增长 9.4%，燃气生产和供应业投资同比增长 8.6%。受油价下降和需求增速放缓影响，油气勘探开发投资大幅下降，2020 年同比下降 29.6%，其中中国石油、中国石化和中海油上游投资同比分别下降 18.9%、47.3% 和 58.7%。电网投资、煤炭开采和洗选业投资也有着不同程度的下降。

我国能源行业固定资产投资

单位：亿元

	2019年	2020年	同比增速
煤炭开采和洗选业	3635	3609	-0.7%
石油和天然气开采业	3306	2328	-29.6%
石油、煤炭及其他燃料加工业	3313	3624	9.4%
电源投资	4060	5244	29.2%
电网投资	5012	4699	-6.2%
燃气生产和供应业	2802	3043	8.6%
合计	21051	22547	7.1%

数据来源：国家统计局、国家能源局

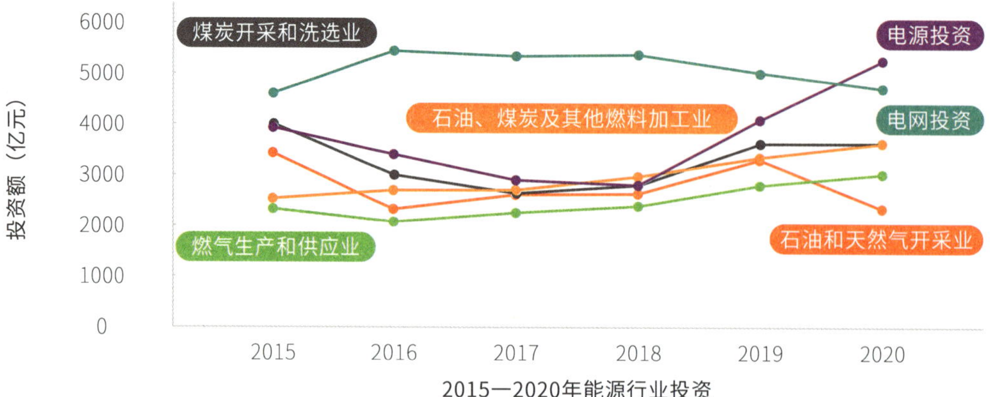

2015—2020年能源行业投资

数据来源：国家统计局、国家能源局

3.2 能源生产

3.2.1 一次能源生产

① 煤炭

煤炭产量小幅增长。2020 年，全国煤炭产量 39.0 亿吨，同比增长 1.4%，增速比上年回落 2.6 个百分点。其中，规模以上煤炭企业原煤产量 38.4 亿吨，同比增长 0.9%。

2020年煤炭产量
39.0亿吨
同比增长
1.4%

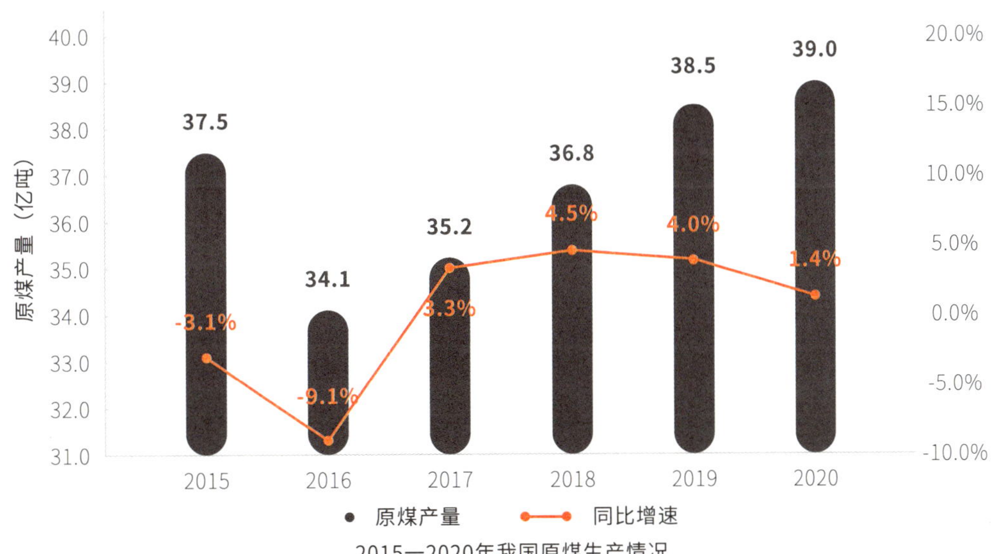

2015—2020年我国原煤生产情况

数据来源：国家统计局

3月煤矿
复工复产率超过
96%

煤炭行业较快复工复产。 2020 年年初，煤炭行业克服新冠肺炎疫情影响，加快推进煤矿复工复产，截至 3 月中旬，煤炭工业协会统计的 90 家大型煤炭企业（占全国煤炭产量的 69%）煤矿复工复产率超过 96%。入冬以后，用电需求快速增长，电煤需求增加，煤炭供应出现结构性偏紧，煤炭企业挖潜增产，在春节期间坚持正常生产，煤炭供应保持相对高位。

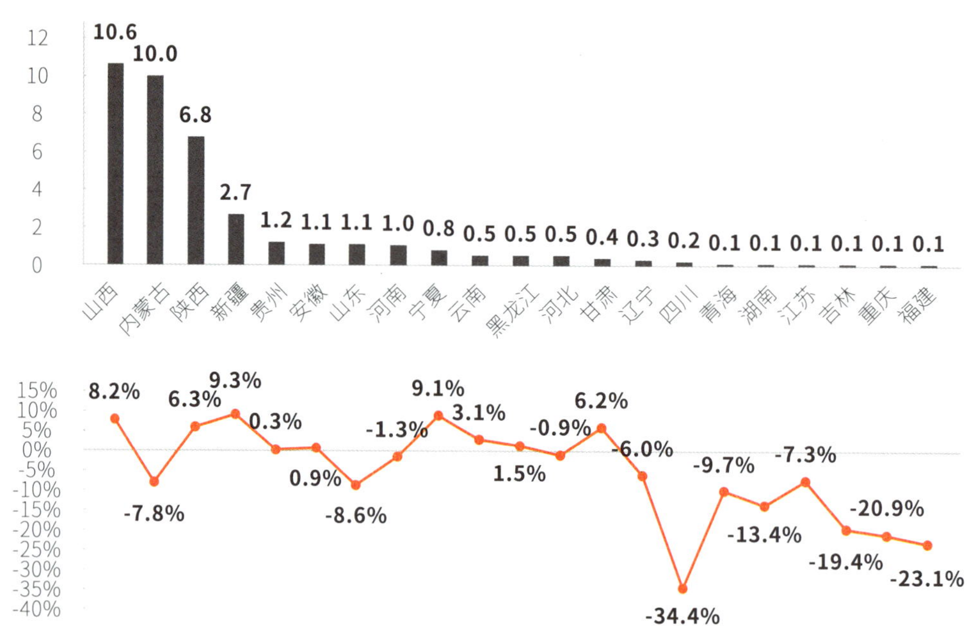

2020年分地区煤炭产量和同比增速

数据来源：国家统计局

2020年全球煤炭
产量下降
 4.0%

全球煤炭产量下降。 2020 年，全球煤炭产量约 76 亿吨，同比降低 4.0%，继 2019 年世界煤炭产量增速降低以后，煤炭产量出现了负增长。中国继续保持世界第一煤炭生产大国的地位，煤炭产量稳中有增。印度煤炭产量保持在世界第二位，煤炭产量 7.41 亿吨，较上年增长 0.8%。印度尼西亚取代美国成为煤炭生产第三大国，煤炭产量 5.63 亿吨，较上年降低 8.3%。美国、俄罗斯、澳大利亚等国家均出现大幅度的煤炭产量下降，下降量分别为 15100 万吨、3600 万吨、3100 万吨。

世界主要国家煤炭生产情况

单位：亿吨

	2019年	2020年	增速
世界	79.20	76.03	-4.0%
中国	38.50	39.00	1.4%
印度	7.32	7.41	0.8%
印度尼西亚	6.16	5.63	-8.3%
澳大利亚	5.88	5.57	-5.5%
美国	6.40	4.89	-23.7%
俄罗斯	4.37	4.01	-8.2%
南非	2.59	2.52	-2.4%
哈萨克斯坦	1.15	1.13	-1.6%
波兰	1.12	1.00	-10.4%

数据来源：中国煤炭经济研究会

“十三五”期间，煤炭行业去产能高质量发展。2016年2月，《国务院关于煤炭行业化解过剩产能实现脱困发展的意见》（国发〔2016〕7号）提出用3至5年时间有效化解煤炭行业过剩产能，退出产能5亿吨左右、减量重组5亿吨左右。五年来，煤炭行业以推进供给侧结构性改革为主线，重点坚持上大压小、增优汰劣；坚决淘汰不具备安全环保条件、不符合产业政策的落后产能；推行产能置换长效机制，引导低效无效产能有序退出。截至2020年底，全国累计退出煤矿5500处左右、退出落后煤炭产能10亿吨以上，安置职工100万人左右，超额完成化解过剩产能目标。

“十三五”期间
退出落后煤炭产能
10亿吨以上

2020年平均单（矿）产能提高到

110万吨/年

大型煤矿超过

1200处

“十三五”期间，煤炭生产结构不断优化。对比2015年的全国大型煤矿不到1000个、产量23亿吨，2020年大型现代化煤矿已成为全国煤炭生产的主体。截至2020年底，全国煤矿数量减少到4700处以下、平均单井（矿）产能提高到110万吨/年以上。大型煤矿超过1200处、产量超过30亿吨，其中年产千万吨级煤矿52处，产能8.2亿吨/年；年产30万吨以下小煤矿数量、产能分别下降到1000处以下、1.1亿吨/年左右，行业主要任务由“总量性去产能”转向“结构性优产能”。

2 石油

2020年油气产储量

双增长

油气勘探取得新发现。2020 年，国内油气生产企业为保障国家能源安全，积极应对疫情、低油价、需求不振等不利因素，继续加大国内勘探开发力度，调整投资策略，加强重点战略区域、潜力优质区块的勘探，有效控制成本，在逆境中继续保持了油气产储量双双增长。老区新区、东部西部，渤海、南海多点开花，全年新增石油、天然气探明地质储量分别达到 13.2 亿吨和 1.29 万亿立方米（其中常规气约 1.03 万亿立方米，页岩气约 1920 亿立方米，煤层气约 670 亿立方米）的高峰水平。2020 年油气发现主要来自西部油气盆地的新区带、新层系，塔里木盆地新发现一条区域级富含油气断裂带，四川盆地发现新的富含天然气区带，沙湾 - 玛湖的规模增储局面已经形成。页岩油气勘探实现多点突破，四川盆地常压页岩气勘探取得新突破，松辽盆地陆相页岩油勘探实现历史性突破，玛湖凹陷页岩油勘探获得重要发现。这一切为增储上产提供了新的资源基础。

2020年全国原油产量

1.95亿吨

同比增长

 1.6%

主力油田稳产增产

全国原油产量稳定增长，主力油田保持稳产增产。2020 年全国原油产量 1.95 亿吨，同比增长 1.6%。主力油田如大庆、长庆、胜利、新疆等发挥了稳产增产“压舱石”作用，长庆油气田产量突破了 6000 万吨油当量，海上石油增产 240 万吨，全年原油产量 1.95 亿吨，比上年增长 2.1%，增速比上年加快 1.2 个百分点，连续两年企稳回升。由于疫情叠加油价骤然下跌，三大石油公司上游投资进行了较大幅度调整。

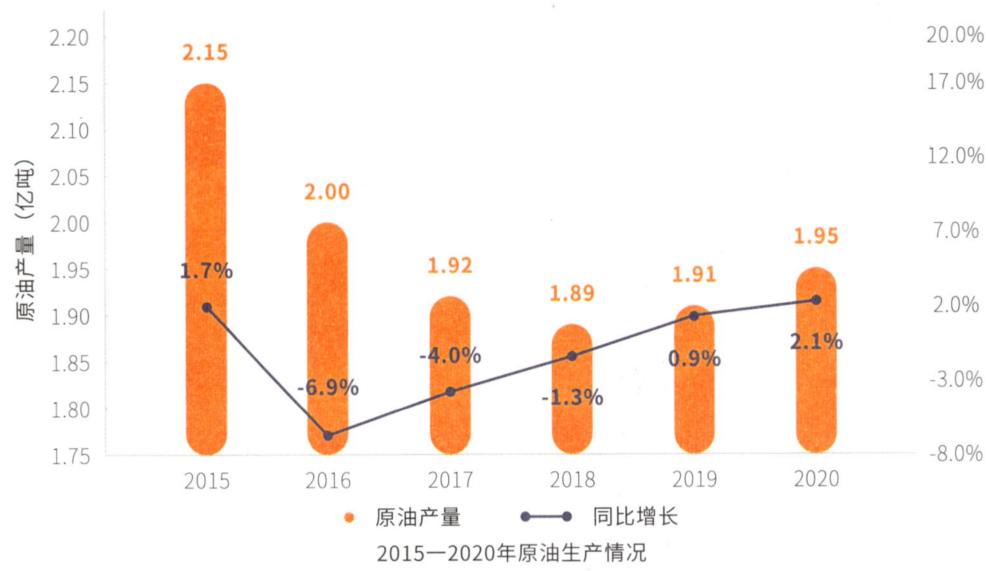

2015—2020年原油生产情况

数据来源：国家统计局

全球油气勘探开发投资大幅下降。根据 IHS 和伍德麦肯兹等机构的数据统计分析，2020 年，在全球（不含美国本土）探井比上年减少 30% 的情况下，共取得 161 个常规油气勘探发现，新增油气 2P 可采储量 134.9 亿桶，较 2019 年下降 35%，新发现油气田个数下降 50%，但新发现油气田平均储量规模有所增加。其中，石油新增可采储量 65.04 亿桶，占 48.2%；天然气新增可采储量 69.8 亿桶油当量，占 51.8%。

全球新增
161个
常规油气勘探发现

“十三五”期间，原油产量先降后增。“十三五”前期，国内原油产量不断下跌，由2015年的2.15亿吨，下降到2018年的1.89亿吨，之后实现止跌稍升，2020年达1.95亿吨，但未完成《石油发展“十三五”规划》中产量2亿吨以上的规划目标。主要原因是，“十三五”以来国际油气价长期低位徘徊，对油气企业勘探开发投资积极性造成较大影响；除了价格因素外，国内油气资源品位变差，开发难度大、成本高，也是掣肘油气产量提升的主要因素。

“十三五”时期国内
原油产量稳定在
1.9亿吨左右

3 天然气

2020年天然气产量达到

1925亿立方米

同比增长

 9.8%

天然气产量保持增长态势。2020 年，油气生产企业积极释放优质产能，天然气产量保持了持续增长态势，天然气产量达到 1925 亿立方米，同比增长 9.8%，连续四年增产超过 100 亿立方米。其中，常规天然气产量 1623 亿立方米，同比增长 7.5%；页岩气产量突破 200 亿立方米大关，同比增长 33.3%；煤层气产量 65 亿立方米，与上年持平。

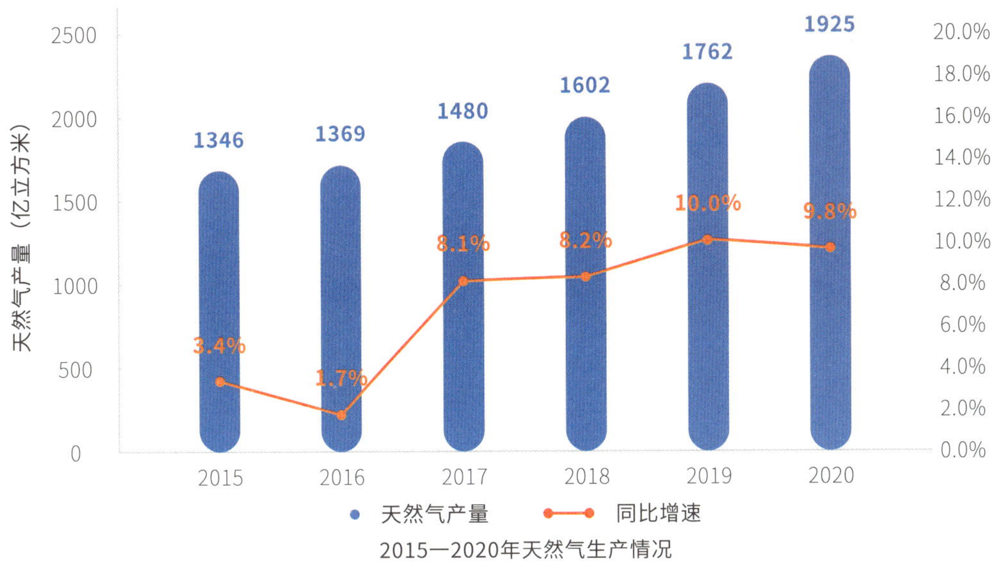

2015—2020年天然气生产情况

数据来源：国家统计局

天然气产量快速增长，但未完成“十三五”规划目标。“十三五”期间，天然气产量快速增长，从2015年的1346亿立方米增至2020年的1925亿立方米，年均增长7.4%。2020年天然气总产量、页岩气、煤层气产量分别为1925亿立方米、200亿立方米、65亿立方米，均未完成《天然气发展“十三五”规划》提出的2070亿立方米、300亿立方米、100亿立方米的规划目标。主要原因是，“十三五”以来国际油气价长期低位徘徊，对油气企业勘探开发投资积极性造成较大影响；除了价格因素外，国内油气资源品位变差，开发难度大、成本高，也是掣肘油气产量提升的主要因素。

“十三五”天然气产量年均增长

7.4%

4 核电

2020年核电
装机容量
4989万千瓦

广东、浙江、福建
三省核电装机
占全国的
68%

核电装机小幅增长。截至 2020 年底，我国在运核电机组 48 台，总装机容量为 4989 万千瓦 *，仅次于美国、法国，居世界第三位。核电装机占我国电源总装机容量的 2.3%，占我国非化石电源装机容量的 5.2%。我国核电集中在沿海的辽宁、山东、江苏、浙江、福建、广东、广西和海南八省，其中广东、浙江、福建三省核电装机规模分别占核电总装机的 32.3%、18.3%、17.5%。

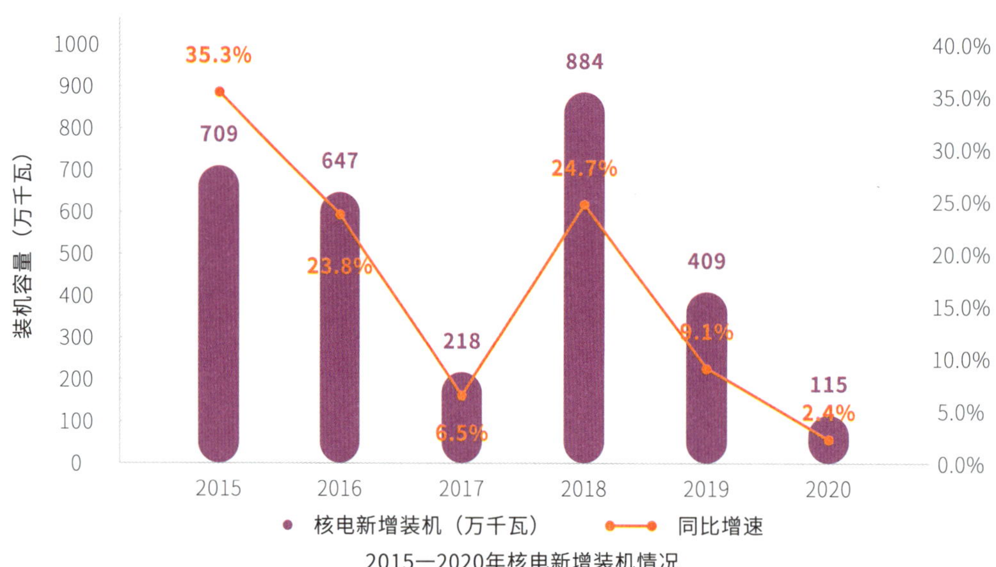

2015—2020年核电新增装机情况

数据来源：国家能源局

2020年核电
发电量达到
3662
亿千瓦时

同比增长

5.0%

核电发电量稳步增加，增速有所放缓。2020 年，全国核电发电量 3662 亿千瓦时，同比增长 5.0%，增速较上年下降 13.2 个百分点。核电发电量占一次能源生产总量的 2.7%，占总发电量的 4.8%，占非化石发电量的 15.0%。

注*：此规模为已投入商运的核电机组规模，不包含已装料但未投入商运的核电机组

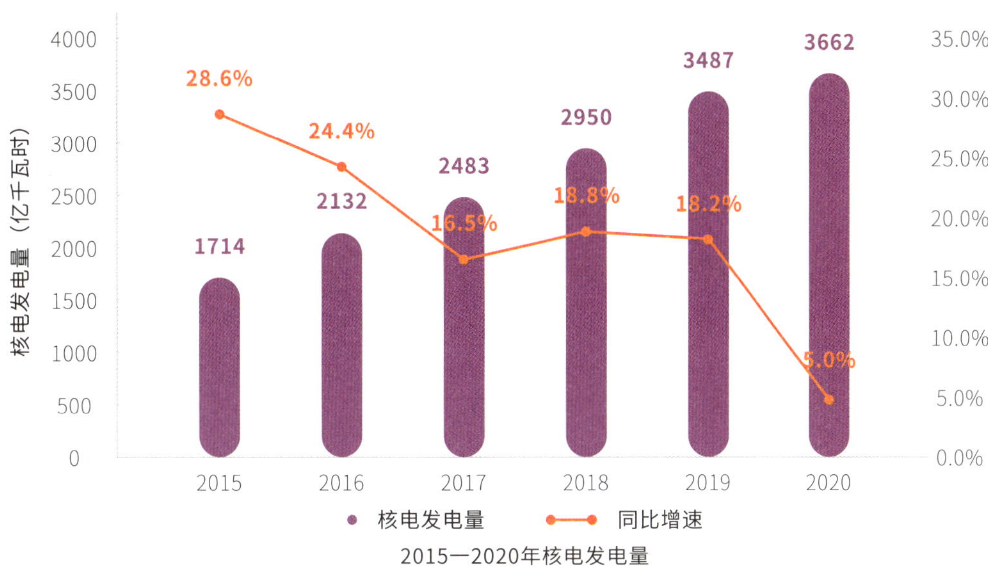

2015—2020年核电发电量

数据来源：国家能源局

核电平均利用小时数有所增长。2020 年，我国核电平均利用小时同比增长 59 小时。从各省情况来看，辽宁、浙江、福建核电利用小时数均高于 2019 年水平，江苏、海南、广西核电利用小时数略低于 2019 年水平，山东、广东核电利用小时数较 2019 年有较大幅度下跌。

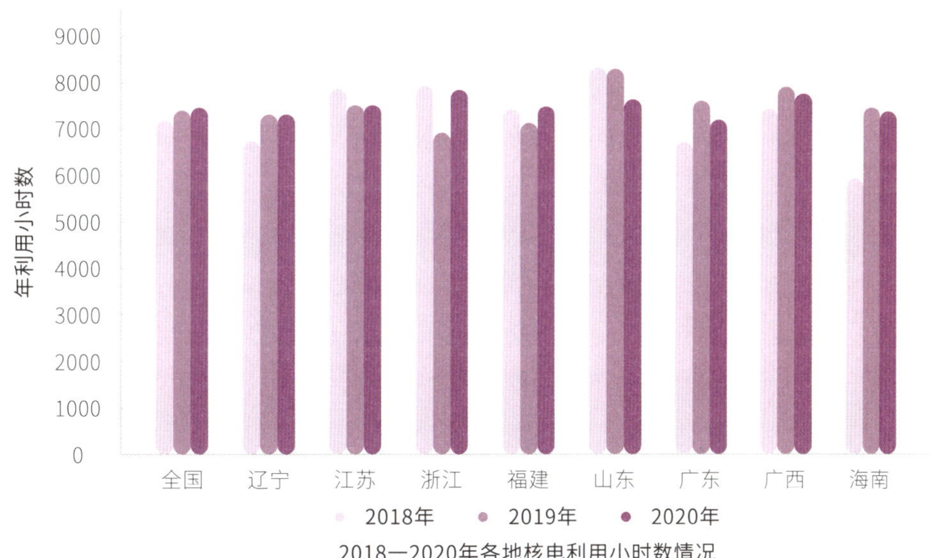

2018—2020年各地核电利用小时数情况

数据来源：国家能源局

“十三五”回顾

“十三五”期间
投产核电
2272万千瓦

开工
1127.8万千瓦

2020年装机达到
4989万千瓦

核电装机增速波动下降，装机规模未完成“十三五”规划目标。“十三五”期间投产核电2272万千瓦，较“十二五”提高637万千瓦。2018年投产田湾、阳江、台山、三门、海阳7台机组共884万千瓦，为近10年来核电新增投产容量之最。2018年后核电新增装机增速有所下降，2019、2020年分别新增装机409万千瓦、115万千瓦，2020年已投入商运的核电装机容量达到4989万千瓦。截至2020年底，我国在建核电机组15台，装机容量1728.5万千瓦，居世界第一位。“十三五”期间，开工田湾#6、石岛湾#1—2、三澳#1、漳州#1—2、太平岭#1—2、防城港#4共9台机组1127.8万千瓦。《电力发展“十三五”规划》提出，“十三五”期间全国核电投产约3000万千瓦、开工3000万千瓦以上，2020年装机达到5800万千瓦。“十三五”期间投产核电、开工核电和2020年核电装机均未完成十三五目标。

“十三五”期间
核电利用小时数由
7060小时
增至
7453小时

核电利用小时数先降后升。“十三五”前期，全国部分核电基地出现了核电设备利用小时数及利用率降低的情况，其中辽宁、福建、海南、广西等地核电利用小时数及利用率均明显低于全国平均水平，核电消纳问题较为突出。自2014年来，全国核电平均利用小时数连续3年呈下降趋势，部分省份核电机组应电网要求参加调峰或降功率运行，甚至停机备用，造成核电设备发电能力未能得到充分利用。针对部分省份核电设备利用效率较低的情况，国家发改委及国家能源局于2017年2月印发《保障核电安全消纳暂行办法》文件，明确核电“确保安全、优先上网、保障电量、平衡利益”的消纳原则，并要求地方积极配合核电跨省区消纳，电网企业尽量减少安排核电机组调峰。在该政策指导下，“十三五”后期核电设备利用小时数及利用率均有所回升，2018—2020年全国核电设备平均利用小时数分别为7543小时、7394小时、7453小时。

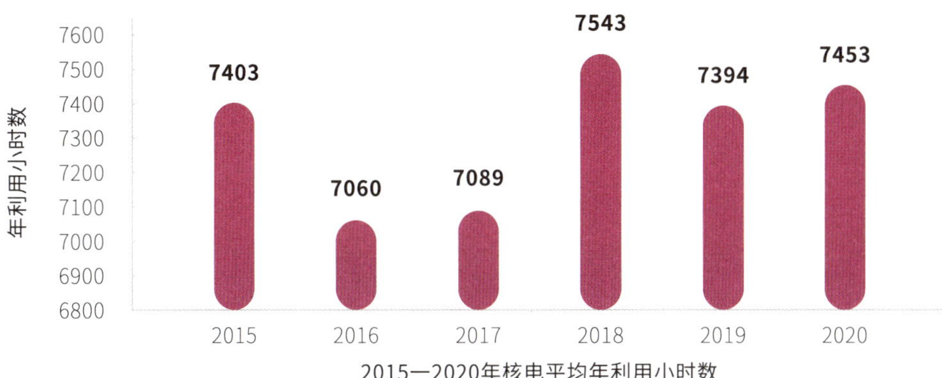

2015—2020年核电平均年利用小时数

数据来源：国家能源局

5 常规水电

常规水电装机、发电量有所增长。2020 年，我国常规水电装机容量达到 33867 万千瓦。随着乌东德等千万千瓦级巨型水电站的投产，新增装机规模较往年有所增加。新开工的大中型常规水电站有大渡河沙坪一级、枕头坝二级水电站，玉曲河扎拉水电站，雅砻江卡拉水电站和黄河李家峡水电站扩机等，合计规模 309.5 万千瓦。

2020年常规水电装机

33867万千瓦

发电量

13218亿千瓦时

2020 年，我国常规水电发电量 13218 亿千瓦时，同比增长 4.1%，水电占一次能源生产比重约 10%。全国水电发电量排名前五位的省（区）依次为四川 3541 亿千瓦时、云南 2960 亿千瓦时、湖北 1647 亿千瓦时、贵州 831 亿千瓦时和广西 614 亿千瓦时，其合计水电发电量占全国水电发电量的 70.8%。

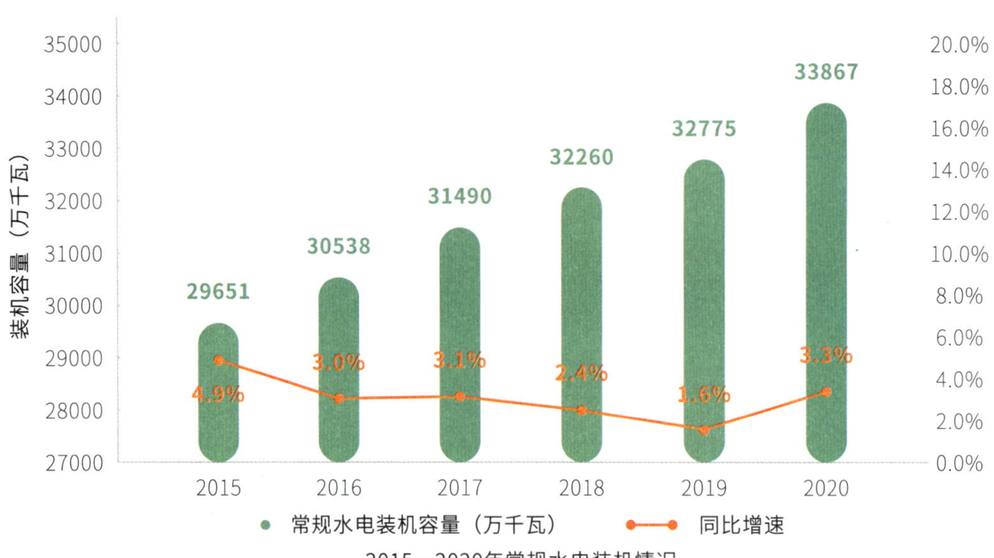

2015—2020年常规水电装机情况

数据来源：国家能源局

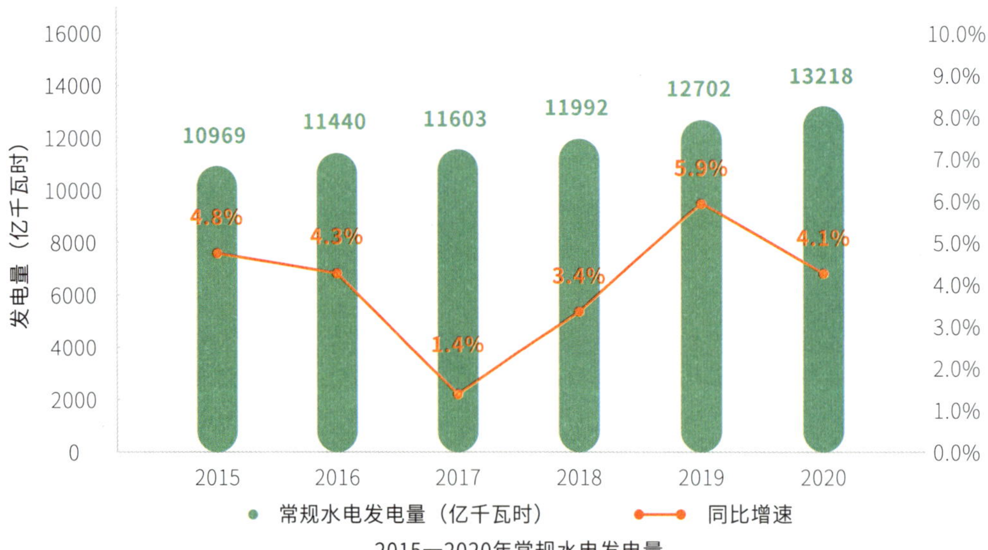

2015—2020年常规水电发电量

数据来源：国家能源局

水电设备利用小时数同比增加 130 小时。根据《中国气候公报》，2020 年全国降水量同比提高 7.6%。2020 年水电设备利用小时数为 3827 小时，比 2019 年增加 130 小时，同比增加 3.5%。全国主要流域弃水电量约 301 亿千瓦时，较去年同期减少 46 亿千瓦时。弃水主要发生在四川省，其主要流域弃水电量约 202 亿千瓦时，较去年同期减少 77 亿千瓦时，约占全省弃水电量的 53%；青海省弃水较去年有所增加，弃水约 40 亿千瓦时，比去年同期增加 18.5 亿千瓦时；其他省份弃水电量维持在较低水平。

2020年水电
利用小时数为
3827小时

同比增加
130小时

东三省水电发电量增长较快，华东地区出现负增长。分地区来看，京津冀鲁、东北三省、华中、西北、西南等地区水电发电量有不同程度增长，其中东北三省水电发电量增长最快，同比增长 32%。华东、华南、晋陕蒙地区水电发电量有所降低，华东地区同比降低 23%。

东北三省
水电发电量
同比增长
32%

2019 — 2020 年分地区水电生产情况

单位：亿千瓦时

2019年	2019年	2020年	同比增长
京津冀鲁	32	35	9%
东北三省	138	182	32%
华东	781	599	-23%
华中	2456	2787	13%
华南	1002	917	-8%
晋陕蒙	236	232	-2%
西北	1364	1397	2%
西南	7010	7403	6%

数据来源：根据国家能源局相关资料整理

"十三五"回顾

常规水电新增装机

4216万千瓦

完成规划目标的

97%

常规水电装机
年均增长

2.7%

相比"十二五"时期
明显降低

常规水电开发速度明显放缓

"十三五"期间，我国常规水电站新增装机容量4216万千瓦，完成了"十三五"规划目标的97%。2020年常规水电总装机容量达到33867万千瓦，基本完成了"十三五"规划3.4亿千瓦的目标。"十三五"期间，我国常规水电装机年均增速为2.7%，相比"十二五"时期增速8.3%明显降低。

"十三五"期间，我国大中型常规水电站新开工规模约3300万千瓦，是"十二五"时期总开工规模的约2/3，仅为"十三五"规划目标的一半左右。除去白鹤滩水电站等千万千瓦级巨型工程，新开工规模仅约1700万千瓦。

水电发电量平稳增长。"十三五"期间，我国常规水电发电量从 2015 年的 1.10 亿千瓦时增至 2020 年的 1.31 亿千瓦时，年均增长 3.7%。水电发电量占总发电量的比重从 2015 年的 19.1% 降至 2020 年的 17.2%。

"十三五"期间核准开工的主要水电站

河流名称	电站名称
金沙江	叶巴滩、拉哇、巴塘、白鹤滩、金沙、银江
澜沧江	托巴
大渡河	绰斯甲、巴拉、金川、硬梁包、枕头坝二级、沙坪一级
雅砻江	卡拉
黄河	玛尔挡、李家峡扩机
乌江	白马航电
玉曲河	扎拉

6 风电

风电迎来最后一个“抢装潮”。2020 年，受陆上风电补贴最后一年“窗口期”影响，我国风电出现了一个“抢装潮”，全年新增装机 7238 万千瓦，装机总规模增至 28153 万千瓦，同比增长 34.6%。

2020年风电新增装机

7238万千瓦

同比增长

34.6%

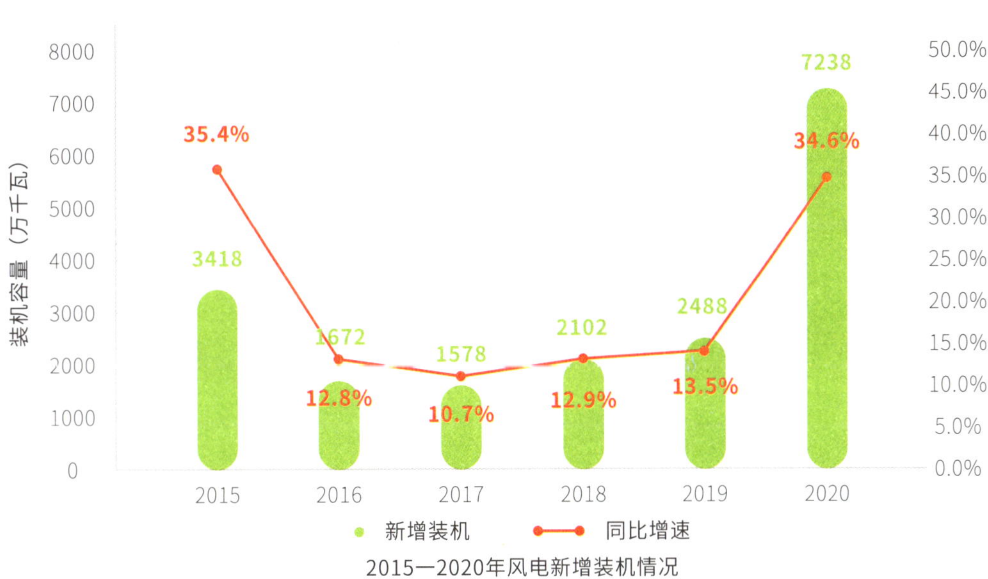

2015—2020年风电新增装机情况

数据来源：国家能源局

2020年风电发电量

4665亿千瓦时

同比增长

 15.1%

风电发电量快速增长。2020 年风电发电量达 4665 亿千瓦时，同比增长 15.1%。“十三五”期间风电发电量保持高速增长态势，年均增长 20.3%。

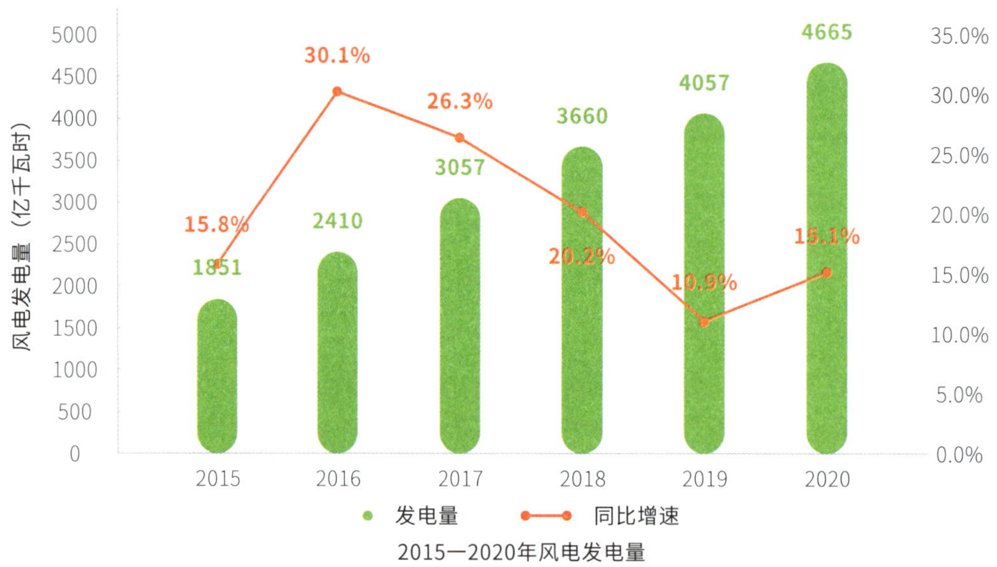

2015—2020年风电发电量

数据来源：国家能源局

2020年风电年利用小时数为

2073小时

年利用小时数保持在 2000 小时以上。2020 年风电平均年利用小时数为 2073 小时，同比降低 10 小时。风电平均利用小时数较高的省区中，福建 2880 小时、云南 2837 小时、广西 2745 小时、四川 2537 小时。

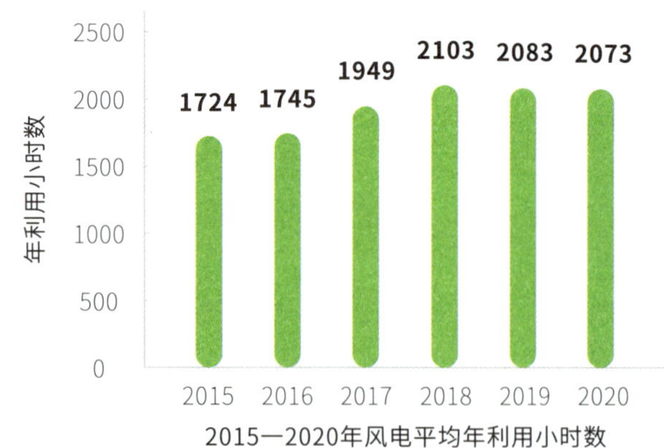

2015—2020年风电平均年利用小时数

数据来源：国家能源局

风电布局继续向中东部转移。2020 年，我国风电布局继续由西部地区向中、东部地区转移，集中式与分散式并举的发展局面进一步巩固，中、东部地区风电装机占总装机比重增至 45%，比 2015 年提高 13 个百分点。

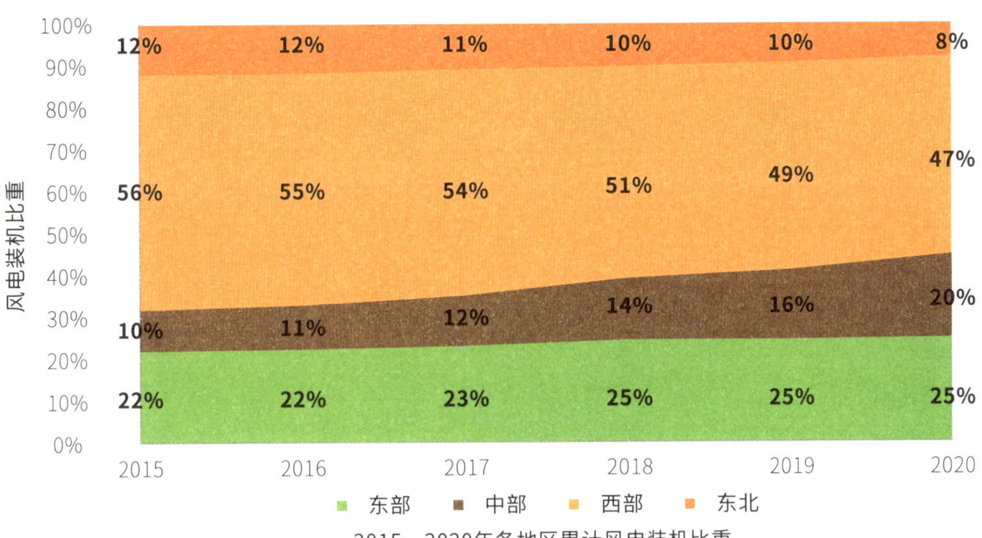

2015—2020年各地区累计风电装机比重

数据来源：根据国家能源局相关资料整理

风电装机超额完成“十三五”目标。2020 年底全国风电累计装机 28153 万千瓦，其中陆上风电累计装机 2.71 亿千瓦、海上风电累计装机约 900 万千瓦，超额完成“十三五”规划“2020 年全国风电装机达到 2.1 亿千瓦以上、其中海上风电 500 万千瓦左右”的目标。

“十三五”回顾

2020年
风电装机达到
2.8亿千瓦

其中海上风电
900万千瓦

"十三五"回顾

2020年风电发电量占总发电量的比重达到

6.1%

"十三五"期间提高约

3个百分点

风电发电量占总发电量的比重逐年提升。2020 年，风电发电量占总发电量的比重达到 6.1%，较 2015 年提高约 3 个百分点。风电发电量占可再生能源发电量的比重增至 19.0%，较 2015 年提高 6.7 个百分点。

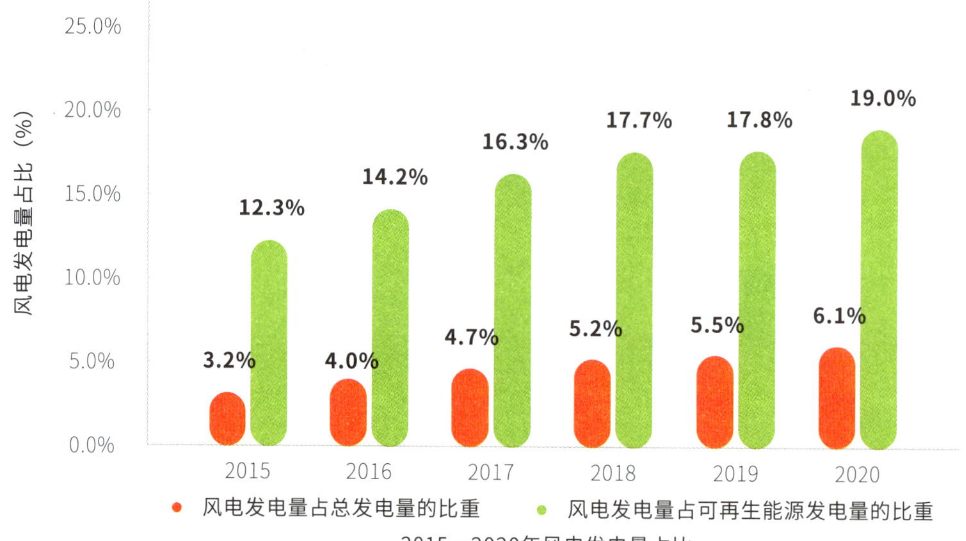

2015—2020年风电发电量占比

数据来源：根据国家能源局相关资料整理

弃风率先升后降。“十三五”期间，全国弃风率和弃风电量呈现先升后降的趋势。2017 年弃风率高达 17%，此后逐年下降。2020 年，全国平均弃风率降至 3% 左右，较去年同比下降 1 个百分点，尤其是新疆、甘肃、蒙西，弃风率同比显著下降，新疆弃风率 10.3%、甘肃弃风率 6.4%、蒙西弃风率 7%，同比分别下降 3.7 个、1.3 个、1.9 个百分点。

“十三五”回顾

2020年
弃风率降至

3%左右

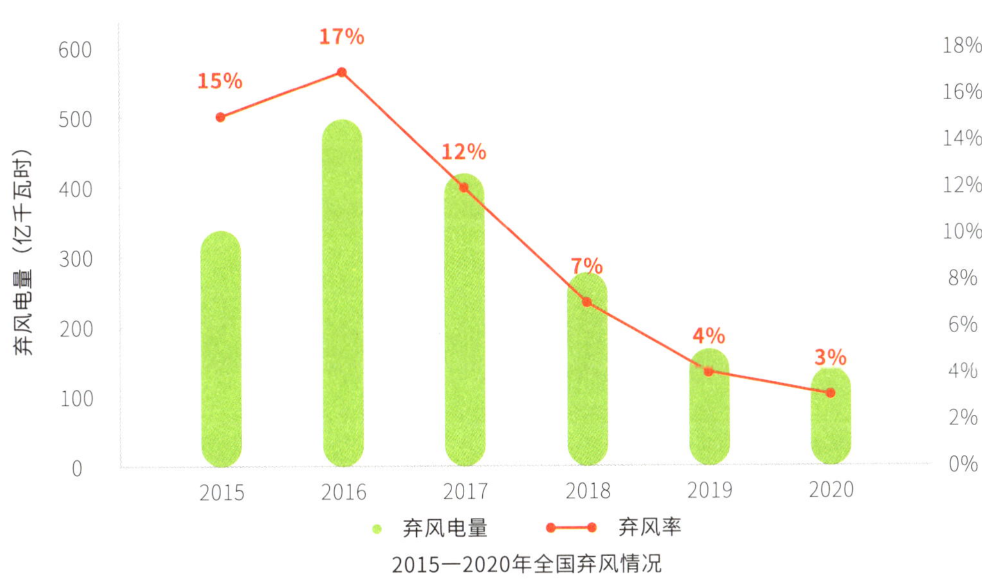

2015—2020年全国弃风情况

数据来源：国家统计局

7 太阳能发电

2020年新增
太阳能发电装机
4925万千瓦

累计装机容量达到
2.5亿千瓦

太阳能发电保持较快发展。2020 年为国内最后一批新增光伏项目补贴之年，太阳能发电新增装机 4925 万千瓦，较上年提高近 2000 万千瓦，太阳能发电总规模突破 2.5 亿千瓦。

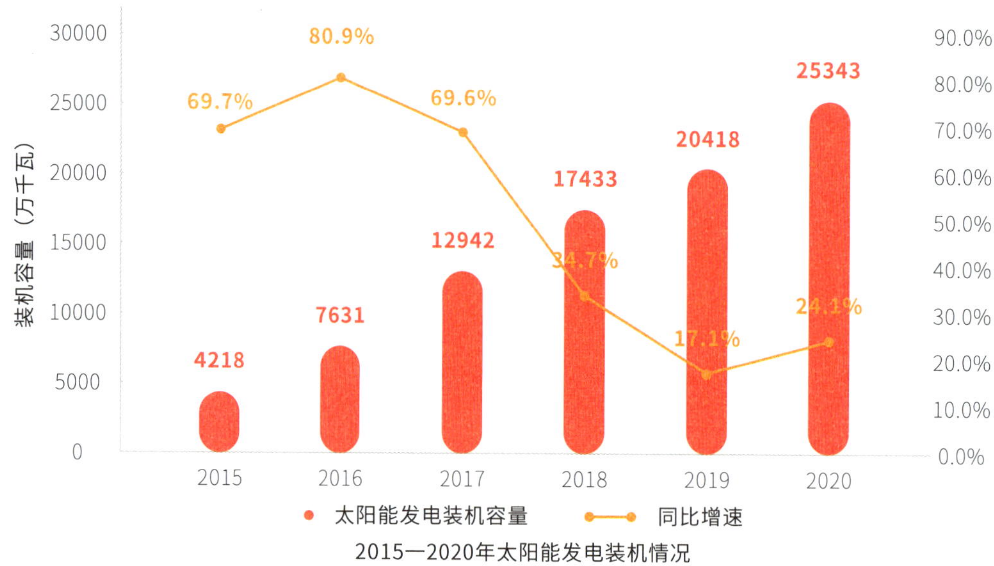

2015—2020年太阳能发电装机情况

数据来源：国家能源局

2020年太阳能
发电量
2611亿
千瓦时

同比增长
16.6%

全国平均太阳能
发电利用小时数
1281小时

太阳能发电量稳定增长。2020 年太阳能发电量 2611 亿千瓦时，同比增长 16.6%，增速有所减缓。全国平均太阳能发电利用小时数为 1281 小时，较上年降低 10 小时。

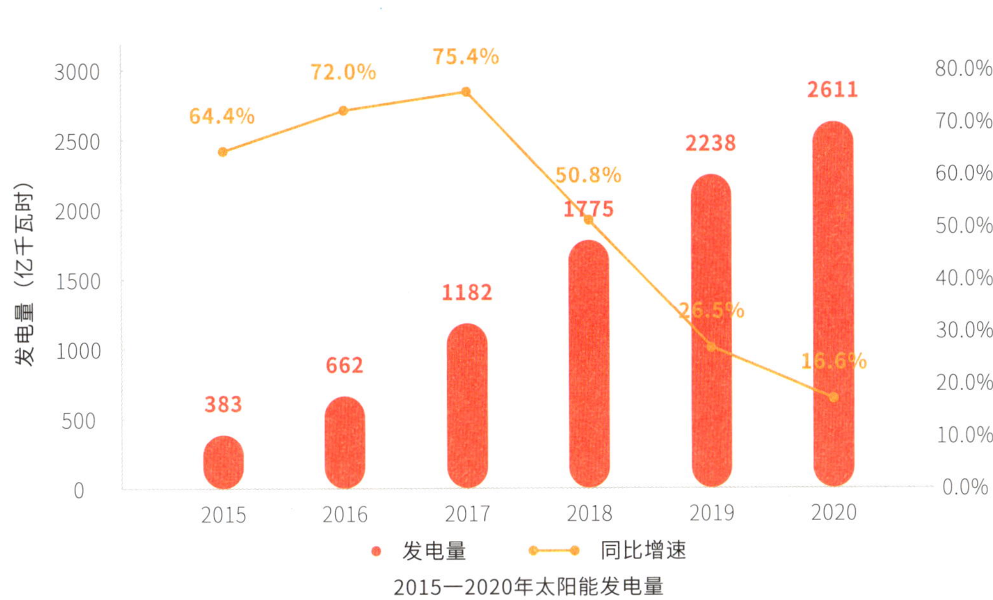

2015—2020年太阳能发电量

数据来源：国家能源局

弃光率持续下降。2020 年，全国平均弃光率 2%，与去年基本持平，光伏消纳问题较为突出的西北地区弃光率降至 4.8%，同比降低 1.1 个百分点，尤其是新疆、甘肃弃光率进一步下降，分别为 4.6% 和 2.2%，同比降低 2.8 和 2.0 个百分点。

西北地区
弃光率降低

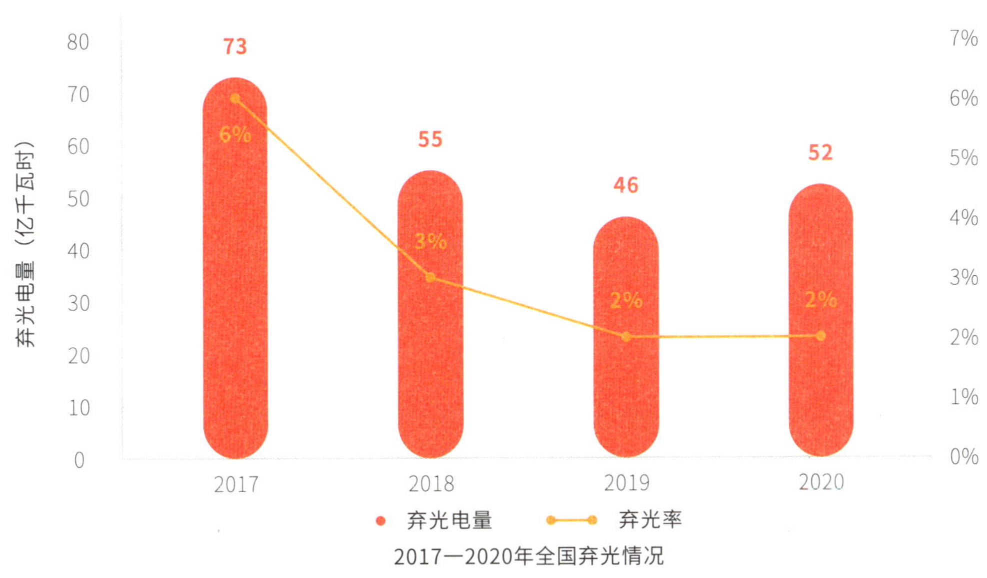

2017—2020年全国弃光情况

数据来源：国家统计局

西部地区新增装机比例回升。2020 年，我国西部地区新增装机占比提高 7 个百分点，东部地区新增装机提高 2 个百分点，中部地区新增装机占比降低 8.4 个百分点。

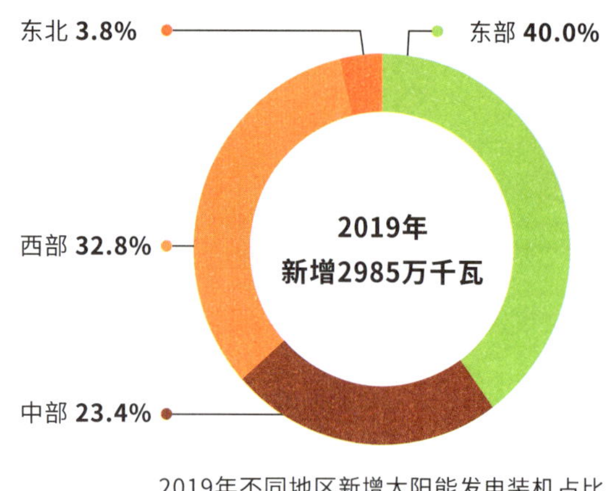

2019年不同地区新增太阳能发电装机占比

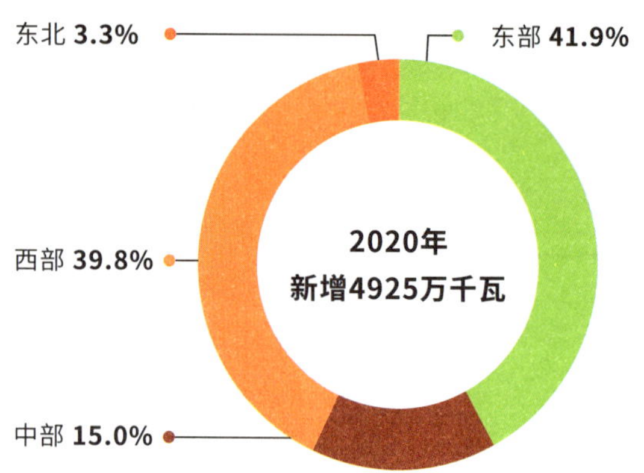

2020年不同地区新增太阳能发电装机占比

“十三五”回顾

太阳能发电装机
提前三年完成
“十三五”目标

2020年总装机
2.53亿千瓦

装机提前三年完成“十三五”目标。2017 年太阳能发电装机容量达到 1.29 亿千瓦，提前三年完成“十三五”规划目标。2020 年底全国太阳能发电累计装机达到 2.53 亿千瓦，是“十三五”规划目标的 2.3 倍；分布式光伏装机容量达到 7815 万千瓦，超额完成“十三五”规划“2020 年分布式光伏 6000 千瓦以上”的目标。

太阳能利用率稳步提升。我国太阳能发电年利用小时数从 2016 年的 1129 小时提升至 2020 年的 1281 小时，弃光率从 2017 年的 6% 降至 2020 年的 2% 左右。

2016—2020年太阳能发电平均年利用小时数

数据来源：国家能源局

太阳能发电量占总发电量的比重迅猛增长。2020 年，太阳能发电量占总发电量的比重增至 3.4%，较 2015 年提高 2.7 个百分点；太阳能发电占可再生能源发电量的比重增至 10.7%，较 2015 年提高 8 个百分点。

"十三五"回顾

2020年太阳能发电量占总发电量的比重达到

3.4%

"十三五"期间提高约

2.7个百分点

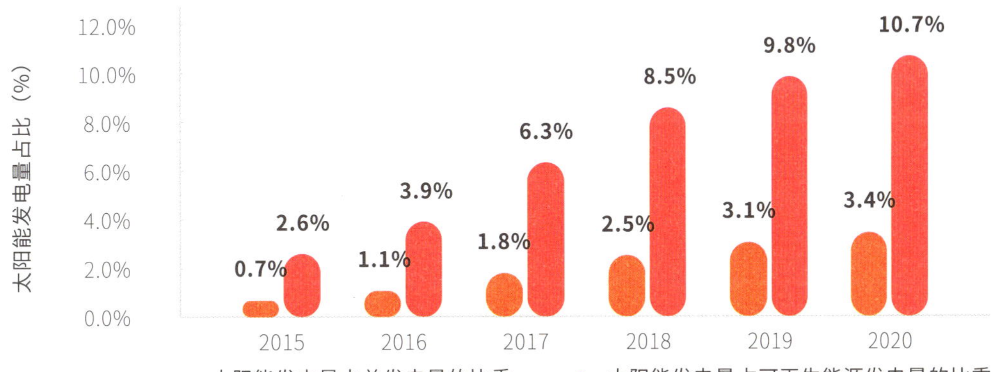

2015—2020年太阳能发电量占比

数据来源：根据国家能源局相关资料整理

“十三五”回顾

光伏扶贫惠及

260万户

光伏扶贫取得明显成效。深入贯彻中央关于打赢脱贫攻坚战的决策部署，创新开展光伏扶贫模式，重点帮扶无劳动能力的建档立卡贫困户，全国 26 个省份完成 1930 万千瓦农网接入光伏扶贫项目建设，惠及约 260 万贫困户。*

注*：（2019年数据）

3.2.2 能源加工转化

1 煤电

煤电装机、发电量稳步增长，增速与上年持平。2020 年煤电装机 107992 万千瓦，同比增长 3.8%，增速较上年高出 0.6 个百分点。煤电发电量 46316 亿千瓦时，同比增长 1.7%，增速与上年持平。

2020年煤电装机
10.8亿千瓦
同比增长
3.8%
煤电发电量
4.63万亿千瓦时
同比增长
1.7%

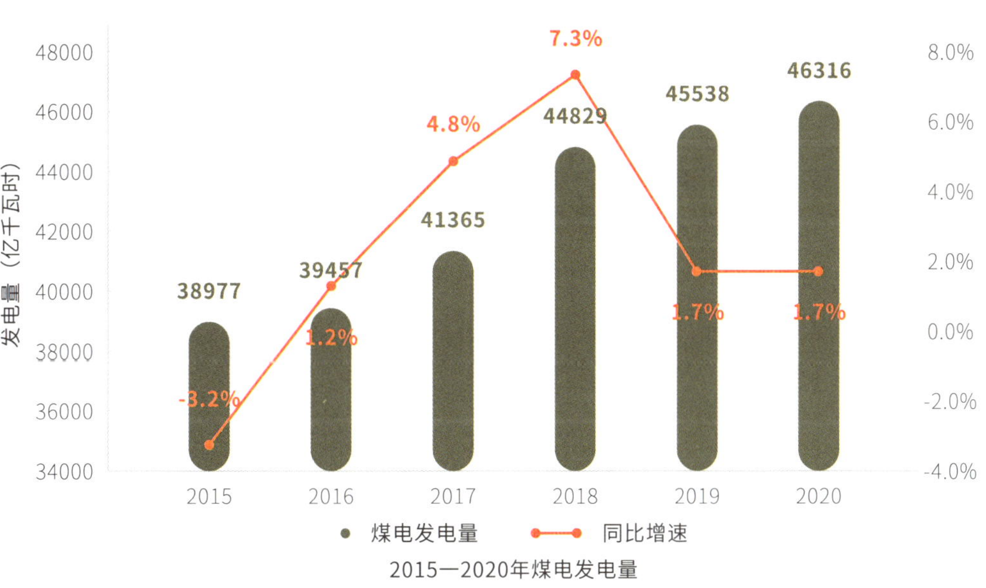

2015—2020年煤电发电量

数据来源：国家能源局

煤电在电源结构中的比重下降，但作为基础支撑性电源的地位没有改变。2020 年，煤电装机在总装机中的占比降至 49.1%，较 2015 年下降约 10 个百分点；煤电发电量占比降至 60.8%，较 2015 下降约 7 个百分点。

2020年煤电发电量在总发电量中的比重降至

60.8%

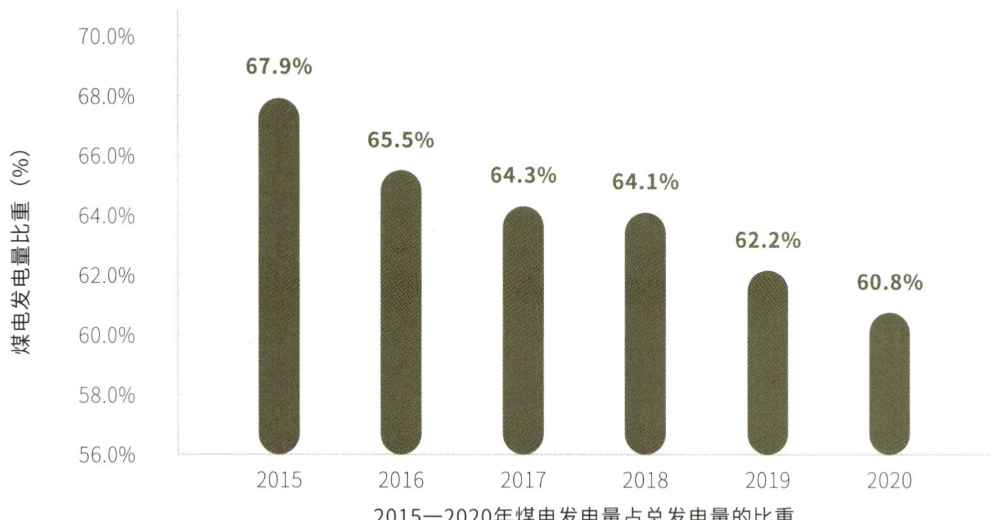

2015—2020年煤电发电量占总发电量的比重

数据来源：国家能源局

完成淘汰煤电机组

162台
共
1041.95
万千瓦

淘汰关停落后产能工作持续推进。《电力发展“十三五”规划》《打赢蓝天保卫战三年行动计划》《关于深入推进供给侧结构性改革 进一步淘汰煤电落后产能 促进煤电行业优化升级的意见》《关于下达 2020 年煤电行业淘汰落后产能目标任务的通知》等对淘汰煤电落后产能、加快煤电结构优化升级多次提出要求。截至 2021 年 4 月，共有 14 省区公开了 2020 年落后煤电产能淘汰完成情况，以上省区已完成淘汰煤电机组 162 台共 1041.95 万千瓦，比 2020 年国家能源局下达的总目标任务多出 308.6 万千瓦。其中，山东省淘汰机组最多，共 56 台机组 418.65 万千瓦，约占全国已公开完成淘汰容量的 40%，其次是江苏省，淘汰了 120.5 万千瓦。

14 省区已公开煤电落后产能淘汰情况

单位：万千瓦

	计划淘汰容量	完成淘汰容量	淘汰机组数
黑龙江	21.6	23.4	5
吉林	23.9	87.5	3
辽宁	20.3	20	1
河北	55.1	55.1	16
内蒙古	4.2	4.2	5
山西	8.7	21.7	12
山东	30.4	418.65	56
江苏	74.65	120.5	24
浙江	83.1	76.3	23
安徽	21	21	1
广东	33	未公布	未公布
海南	27.6	27.6	2
河南	206	未公布	未公布
陕西	10.6	未公布	未公布
湖北	17.7	20.2	6
重庆	43.5	57	3
新疆生产建设兵团	52	88.8	5

煤电发展仍受到盈利模式、煤价等诸多限制。在电力系统结构转型背景下，煤电“托底”作用仍未得到充分保障，保障煤电盈利空间的现货市场、容量市场、辅助服务市场有待完善。受新冠肺炎疫情影响，2020 年国内煤价先跌后涨。下半年随着国内外经济复苏，煤价不断上行，煤电企业再度面临较大经营压力。

“十三五”末
全国超低排放
机组达
9.5亿千瓦

“十三五”期间，煤电建设节奏得到有效控制。为给过度发展的煤电建设“踩刹车”，2016年国家发改委、国家能源局先后印发《关于促进我国煤电有序发展的通知》等多份文件，提出“取消一批、缓核一批、缓建一批”，严控煤电产能扩张。按年度发布实施煤电规划建设风险预警，围绕淘汰落后、清理违规、严控增量、转型升级等方面，积极稳妥化解煤电过剩产能。“十三五”期间，淘汰关停落后煤电机组超过4500万千瓦。到“十三五”末，煤电厂氮氧化物、二氧化硫、烟尘等排放得到了有效控制，全国超低排放机组达9.5亿千瓦。2020年煤电装机规模达到10.8亿千瓦，完成“十三五”规划“煤电装机规模力争控制在11亿千瓦以内”的目标。严控煤电产能为“十三五”后几年可再生能源的迅速发展，乃至近期提出的“碳达峰”“碳中和”目标的实现赢得了空间。

2 气电

2020年气电装机
9802万千瓦

同比增长

8.6%

发电量
2485亿千瓦时

同比增长
6.9%

气电装机、发电量保持增长。2020 年气电装机达到 9802 万千瓦，同比增长 8.6%；发电量达到 2485 亿千瓦时，同比增长 6.9%。气电装机、发电量均维持了“十三五”期间的快速增长态势。

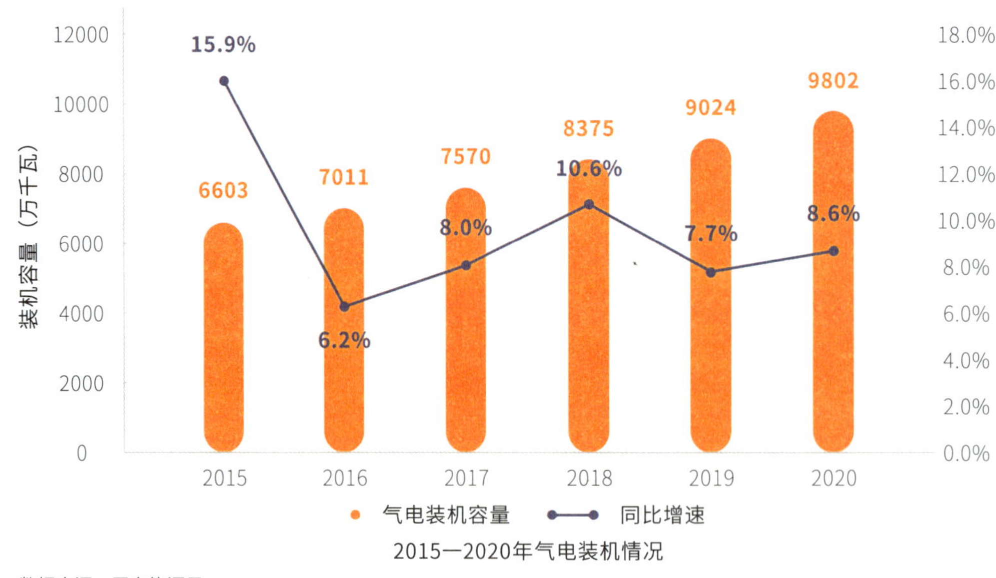

2015—2020年气电装机情况

数据来源：国家能源局

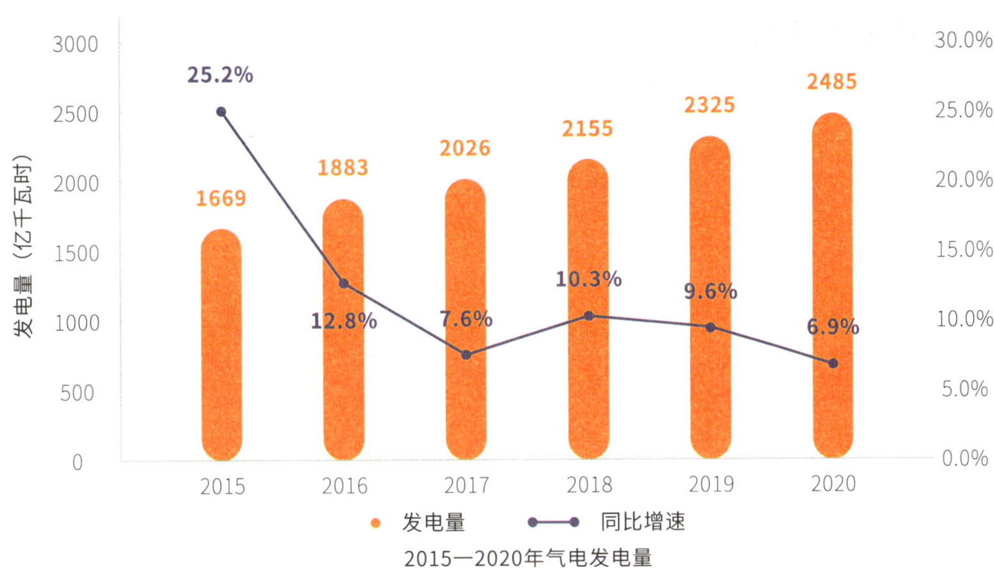

2015—2020年气电发电量

数据来源：国家能源局

“十三五”期间，气电装机、发电量“双高速”增长。“十三五”期间，气电装机从2015年的6603万千瓦增至2020年的9802万千瓦，年均增长8.2%。气电发电量从2015年的1669亿千瓦时增至2020年的2485亿千瓦时，年均增长8.3%。2020年气电装机达到9802万千瓦，尚未完成《电力发展“十三五”规划》《天然气发展“十三五”规划》的2020年气电装机规模达到1.1亿千瓦的目标。

气电主要作为灵活调峰电源。受气源、气价等因素制约，气电在我国电力系统中主要发挥调峰作用，“十三五”期间气电年利用小时数稳定在2600 — 2800 小时，发电量占总发电量的比重稳定在 3% 左右。

“十三五”回顾

“十三五”期间
气电装机年均增长
8.2%

发电量年均增长
8.3%

气电年利用小时数
稳定在
2600-2800
小时

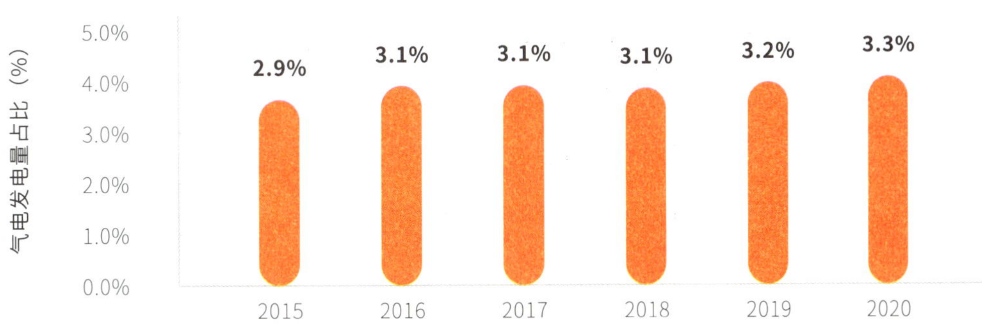

2015—2020年气电发电量占总发电量的比重

数据来源：国家能源局

③ 生物质发电

2020年生物质
发电装机容量

2952万千瓦

同比增长

 22.6%

山东省

生物质发电装机第一

广东省

发电量第一

生物质发电装机快速增长。2020 年，全国生物质发电新增装机 543 万千瓦，累计装机达到 2952 万千瓦，同比增长 22.6%。累计装机排名前五位的省份是山东、广东、江苏、浙江和安徽，分别为 365.5 万千瓦、282.4 万千瓦、242.0 万千瓦、240.1 万千瓦和 213.8 万千瓦；新增装机较多的省份是山东、河南、浙江、江苏和广东，分别为 67.7 万千瓦、64.6 万千瓦、41.7 万千瓦、38.9 万千瓦和 36.0 万千瓦。

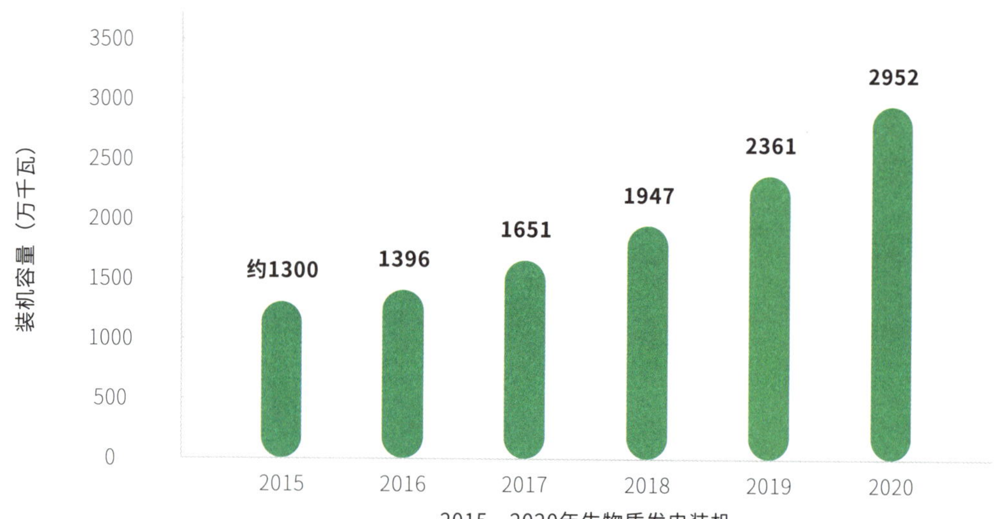

2015—2020年生物质发电装机

数据来源：国家能源局

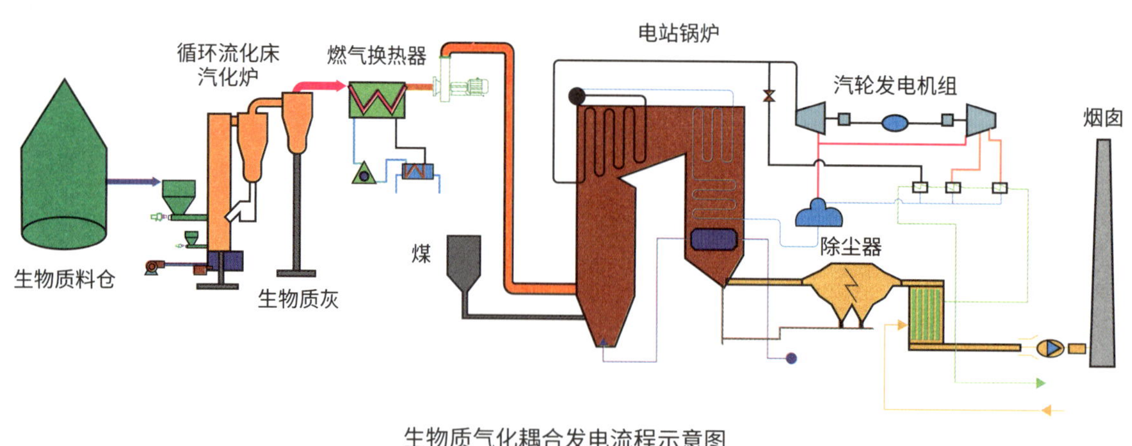

生物质气化耦合发电流程示意图

生物质发电量全速提升。2020 年生物质发电量 1326 亿千瓦时，同比增长 19.4%，是 2015 年的 2.9 倍，继续保持快速增长势头。发电量排名前五位的省份是广东、山东、江苏、浙江和安徽，分别为 166.4 亿千瓦时、158.9 亿千瓦时、125.5 亿千瓦时、111.4 亿千瓦时和 110.7 亿千瓦时。

2020年生物质发电量

1326亿千瓦时

同比增长

19.4%

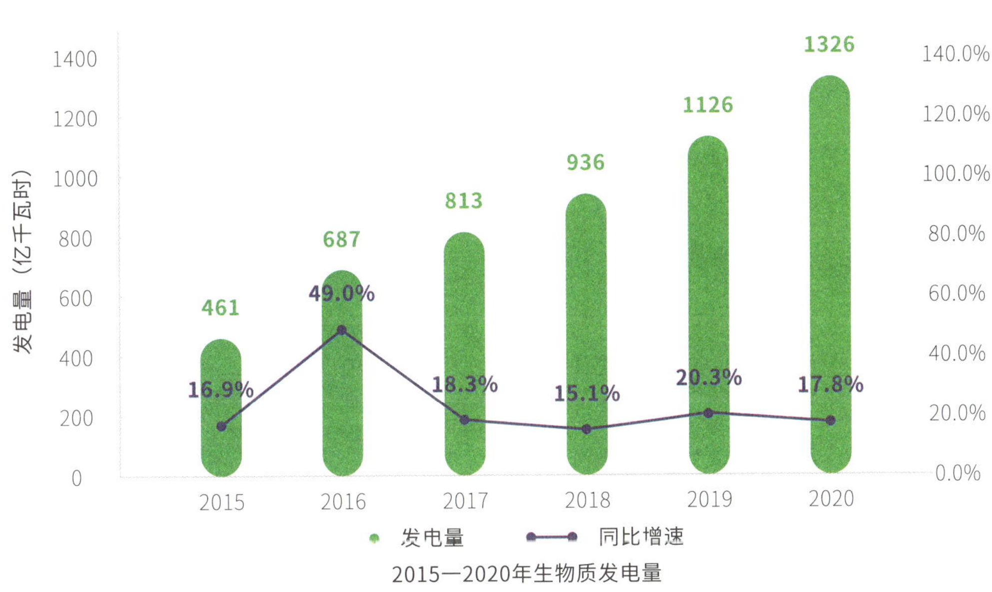

2015—2020年生物质发电量

数据来源：国家能源局

“十三五”期间，生物质发电装机比规划目标翻一番。2020年，全国生物质发电累计装机达到2952万千瓦，超额完成“十三五”规划中2020年生物质发电装机达到1500万千瓦左右的目标。

2020年生物质发电装机比规划目标翻一番

4 炼油

炼油能力保持增长。虽然受新冠疫情、国际油价剧烈波动、成品油需求下降等不利因素影响，2020 年我国炼油能力仍保持增长，全国炼厂平均开工率小幅提升至 76% 左右，新增炼油能力 3850 万吨 / 年，淘汰 4 家民营炼油企业炼油能力 1270 万吨 / 年，净增 2580 万吨 / 年，总能力升至 8.8 亿吨 / 年。原油加工量 6.74 亿吨，同比增长 3.4%。成品油收率为 63.1%，下降 3.6 个百分点。

民营炼厂能力达到

2.48亿吨/ 年

多元化主体竞争格局进一步强化。民营炼厂炼油能力达到 2.48 亿吨 / 年，占比达到 28%。

产业集中度持续提升。环渤海、长三角、珠三角三大炼化产业集聚区合计炼油能力达到 6.33 亿吨 / 年，占炼油总能力的 7 成以上。随着浙江石化（二期）的投产，以 4000 万吨 / 年的产能成为国内第一、全球第五的世界级炼厂。

2020年炼油利润下跌

炼油利润大幅下跌。受疫情影响全年成品油产量降至 3.3 亿吨，炼油利润下跌 50.3%，降至 72.2 元 / 吨。

2020 年我国主要炼化产品生产情况

	2019年	2020年	增速
原油加工量（亿吨）	6.52	6.74	3.4%
成品油（亿吨）	3.60	3.31	-8.1%
其中：汽油（亿吨）	1.41	1.32	-6.4%
柴油（亿吨）	1.66	1.59	-4.2%
煤油（亿吨）	0.53	0.40	-24.5%
乙烯（万吨）	2581	3006	16.5%

数据来源：国家统计局

炼化领域“量增质升”。“十三五”期间，我国炼油能力从 7.9 亿吨 / 年增至 8.9 亿吨 / 年，增加 12.7%；乙烯产能从 2200 万吨 / 年增至 3518 万吨 / 年，增加 60%；原油加工量从 5.22 亿吨增至 6.74 亿吨，增加 29.1%；炼厂平均规模从 400 万吨 / 年升至 443 万吨 / 年；汽柴油质量标准从国 4 升至国 6，达到世界领先水平；千万吨级炼厂数从 24 座升至 32 座，千万吨级炼油装备国产化率和百万吨乙烯及下游装置国产化率分别从 87% 和 80% 左右升至 94% 和 90%。园区化、基地化建设快速推进，大连长兴岛、江苏连云港、浙江宁波、福建漳州古雷等七大石化产业基地初具规模。

“十三五”回顾

“十三五”期间
我国炼油能力增至

8.9亿吨/年

炼油产能置换加速推进。共淘汰落后产能 0.68 亿吨 / 年，净增炼油能力 0.94 亿吨。新增炼油能力主要由千万吨级以上炼厂构成，炼厂平均规模从 2015 年的 511 万吨 / 年提高至 2020 年的近 600 万吨，涌现出以恒力石化（2000 万吨 / 年）、浙江石化（2000 万吨 / 年）为代表的一批大型民营炼化企业。

5 现代煤化工

示范工程稳步推进。截至 2020 年底，我国建成 8 套煤制油、4 套煤制气、36 套煤（甲醇）制烯烃、25 套煤制乙二醇、3 套低阶煤分质分级利用示范及产业化推广项目，形成煤制油产能 778 万吨、煤制气产能 51 亿立方米、煤（甲醇）制烯烃产能 1582 万吨、煤制乙二醇产能 488 万吨。

生产运行质量不断提高。百万吨级煤制乙醇和煤制芳烃工业化示范项目实现长周期稳定运行，千万吨级低阶煤分质分级利用项目建设稳步推进。培育了宁东、鄂尔多斯、榆林、准东等大型能源化工基地，产业集中度大幅提升，现代煤化工产业基地化格局初步形成。

煤化工产业碳减排路径

2020 年，我国现代煤化工产业二氧化碳排放总量约 3 亿吨，未来煤化工产业发展将面临碳达峰、碳中和的强力约束。未来煤化工行业必须采取多种手段降低行业碳排放水平，包括推动产业结构调整、淘汰落后产能，采取先进技术降低工艺碳排放，通过电能替代减少燃料燃烧碳排放等。

可以通过先进工艺技术降低煤化工生产过程的工艺碳排放。一是采用煤和天然气联合造气工艺，充分考虑两种原料的特点，结合两种原料生产合成气的优势，实现碳氢互补。二是现代煤化工与可再生能源制氢深度结合，使用绿氢用作补氢原料，煤气化后进入合成气中的碳大部分都通过合成反应进入产品，后续合成反应所需要的氢大部分由可再生能源制氢补充，可以做到工艺过程基本不排放二氧化碳。

提高煤化工生产过程的电力驱动比例也是碳减排的重要手段。目前，为煤化工工艺装置提供动力蒸汽、热源和自发电而配套建设的锅炉装置大部分以煤炭为燃料，其二氧化碳排放占总排放的 30% 左右，如果此类工艺装置中的压缩机选择电驱动，则可以可再生电力替代煤炭消费，减少碳排放。此外，可通过碳捕集和封存、二氧化碳资源化利用、发展森林碳汇等方式减少煤化工产业的碳排放。

3.3
能源储运设施

油气储运设施建设稳步推进，建设增速低于预期。2020 年，中国新建成油气管道里程约 5081 千米，油气管道总里程累计达到 14.4 万千米。新建成天然气管道约 4984 千米，较 2019 年增加 2765 千米。新建成原油管道 97 千米，较 2019 年减少 17 千米。无新建成成品油管道，较 2019 年减少 901 千米。

2020年新建成油气管道里程约
5081千米

新建成天然气管道约
4984千米

2020 年建成油气管道

天然气管道	中俄东线中段（长岭－永清段）、明水－哈尔滨支线，青宁（青岛－南京）输气管道，西气东输三线闽粤支干线，新奥舟山LNG接收站外输管道，西气东输福州联络线，新疆煤制气管道潜江－郴州段，秦沈管道天然气管道朝阳支线
原油管道	中国石化算山码头－镇海炼化厂，董家口港－潍坊－鲁中，鲁北输油管道三期工程等
成品油管道	无

数据来源：根据行业数据整理

2020 年在建油气管道

天然气管道	中俄东线南段，中俄东线安平—临沂段， 蒙西煤制气管道一期， 忠武线潜湘支线、西三线长沙支线与新疆煤制气管道联通工程， 神木—安平煤层气管道工程山西—河北段等
原油管道	董家口—东营原油管道， 日照—濮阳—洛阳原油管道， 监利—潜江输油管道等
成品油管道	荆门—荆州成品油管道， 连云港—徐州—郑州成品油管道等

数据来源：根据行业数据整理

完成4座LNG
接收站扩建

LNG总接收能力达到
8400万吨/年

LNG 接收能力持续提升。2020 年，我国完成 4 座 LNG 接收站扩建，新增接收能力 785 万吨 / 年。截至 2020 年底，我国共建成投运 LNG 接收站 21 座，总接收能力达到 8400 万吨 / 年。

抽水蓄能电站建设稳步推进。2020 年，我国新核准建设山西浑源、福建云霄、大连庄河三座抽水蓄能电站，总装机容量 430 万千瓦，总投资约 258.33 亿元，计划“十五五”期间竣工投产。新投产安徽绩溪抽水蓄能电站 2 号～5 号机组，装机容量 120 万千瓦。截至 2020 年底，我国已建成抽水蓄能电站装机容量 3149 万千瓦，在建装机容量 5373 万千瓦。

2020 年新核准重点抽水蓄能电站

	电站名称	装机容量（万千瓦）
开工	山西浑源	150
	福建云霄	180
核准	大连庄河	100

数据来源：国家能源局

截至 2020 年底我国在建抽水蓄能电站

区域电网	地区	电站名称
华北	河北	丰宁一期、丰宁二期、易县、抚宁、尚义
	山东	文登、沂蒙、潍坊、泰安二期
	山西	垣曲、浑源
东北	黑龙江	荒沟
	吉林	敦化、蛟河
	辽宁	清原、庄河
	蒙东	芝瑞
华东	浙江	长龙山、宁海、缙云、衢江、磐安
	江苏	句容
	安徽	金寨、桐城、绩溪
	福建	厦门、永泰、周宁、云霄
西北	陕西	镇安
	新疆	阜康、哈密
华中	重庆	蟠龙
	河南	天池、洛宁、五岳
	湖南	平江
南方	广东	梅州一期、阳江一期

数据来源：国家能源局

输电通道建设稳步推进。2020 年，投产各类直流项目 4 条（含柔性直流电网试验示范工程及特高压多端柔性直流示范工程），投产 1000 千伏特高压交流输电通道 3 条，交流互联工程 1 项，500 千伏送出通道 2 条。

2020 年投产重点输电通道情况

类型	通道名称	电压等级（千伏）	输电容量（万千瓦）	输电距离（千米）	投产时间
直流	张北可再生能源柔性直流电网试验示范工程	±500	450	666	2020年06月
	云贵互联通道工程	±500	300	1283	2020年06月
	青海至河南特高压直流输电工程	±800	800	1587	2020年12月
	乌东德电站送广东广西特高压多端柔性直流示范工程	±800	800	1452	2020年12月
交流	山西盂县电厂送出工程	500	300	151	2020年06月
	蒙西至洪善（晋中）特高压交流输变电工程	1000	300	320	2020年06月
	驻马店至南阳特高压交流输变电工程	1000	—	188.4	2020年06月
	张北至雄安（北京西）特高压交流输变电工程	1000	530	330	2020年08月
	陕西锦界及府谷电厂扩建送出工程	500	500	662	2020年11月
	西藏阿里电力联网工程[注]	220	4	1180	2020年12月

数据来源：相关工程可行性研究报告、电网公司

注：西藏阿里联网工程额定电压500千伏，目前降压220千伏运行

电动汽车充电设施广泛布局。据不完全统计，截至 2020 年底，全国充电基础设施总计保有量达到 168.1 万台，同比增长 37.9%。截至 2020 年底，中国充电联盟内成员单位总计上报公共充电桩 80.7 万台，其中交流桩 49.8 万台、直流桩 30.9 万台、交直流一体充电桩 481 台。全国充电站分布相对集中于京津冀鲁、长三角和珠三角地区，其中广东省 6527 座、江苏省 6229 座、上海市 5927 座、北京市 5755 座。

全国充电基础设施总计保有量达到

168.1万台

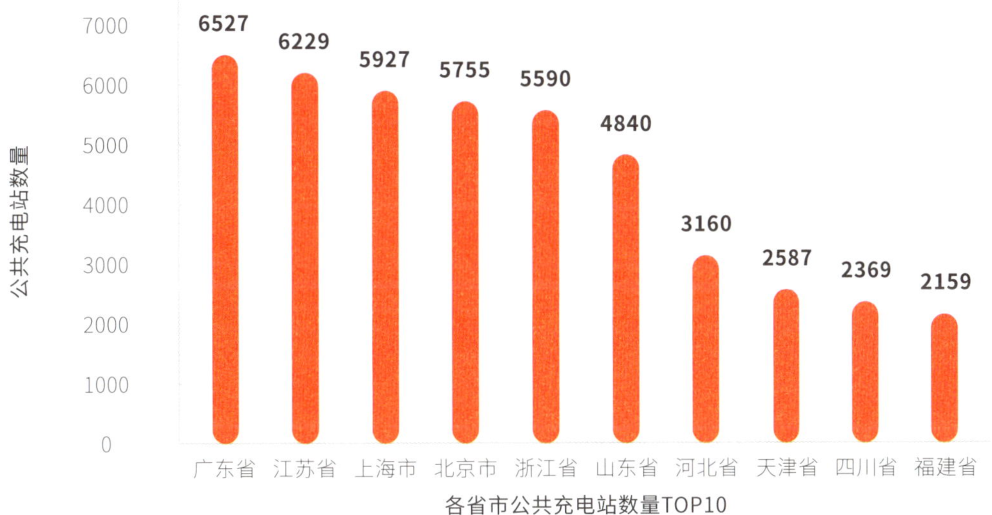

各省市公共充电站数量TOP10

数据来源：中国充电联盟

"十三五"回顾

油气管道总里程达到

14.4万千米

未达到规划目标

油气管道建设增速低于规划。虽然近年来我国油气管道建设规模持续增长，但受国际油价走低、管网改革等因素的影响，各大石油公司利润显著下降，资金面普遍紧张，管道投资被压减，我国油气管道建设速度明显低于规划预期。截至 2020 年，中国累计建成原油、成品油和天然气管道里程分别为 2.9 万千米、2.9 万千米和 8.6 万千米，油气管道总里程累计达到 14.4 万千米。对比国家《石油发展"十三五"规划》《天然气发展"十三五"规划》和《中长期油气管网规划》的 2020 年发展预期目标，原油、成品油和天然气管道里程分别尚有 1000 千米、4000 千米和 1.4 万千米的差距，特别是天然气管道的差距较为突出。

煤炭运输网络日趋完善。浩吉铁路全线通车投入运营（2019 年），靖神铁路通车运营（2019 年），冯红铁路、榆横二期铁路开工建设，全国两大煤炭外送基地——内蒙古、陕西的煤炭运输网络进一步打通。

“十三五”回顾

抽水蓄能投产、开工规模均大幅低于规划目标

“十三五”期间，我国抽水蓄能电站投产装机容量846万千瓦，仅完成规划目标的约50%；核准开工装机容量3613万千瓦，仅完成规划目标的约60%。投产、开工规模均大幅低于规划目标。

制约抽水蓄能电站发展的因素主要有以下几方面：

首先，电价政策影响成本疏导是制约抽水蓄能发展的最主要原因，目前我国辅助服务市场尚不完善，抽水蓄能电站的动态效益暂无法通过市场机制获取合理收益。

其次，目前我国抽水蓄能电站投资主体较单一，行业总体投资强度不高，部分项目远超合理工期，推进节奏偏慢。再次，抽水蓄能电站多位于山区、林区，涉及环境敏感因素较多，站点资源保护也存在一定困难。最后，随着新型储能技术不断进步和成本持续下降，一定程度上也影响了业主投资抽水蓄能电站的意愿。

2021年4月，国家发展改革委印发了《关于进一步完善抽水蓄能价格形成机制的意见》（发改价格〔2021〕633号），这是在“碳达峰、碳中和”纳入生态文明建设整体布局和构建以新能源为主体的新型电力系统背景下，解决抽水蓄能在电力体制改革过程中出现的新问题，促进抽水蓄能可持续发展的重要价格政策文件。文件做出了将容量电价纳入输配电价回收、电量电价引入竞争机制的政策安排，将对促进抽水蓄能健康可持续发展发挥积极推动作用。

电力主网网架持续加强。截至 2020 年底，全国 220 千伏及以上输电线路长度达到 79.4 万公里，“十三五”期间增长 18.5 万公里，其中，交流线路长度达到 74.8 万公里，直流线路 4.6 万公里。220 千伏及以上变电设备容量 45.3 亿千伏安，“十三五”期间增长 11.6 亿千伏安，其中，交流变电设备容量达到 41.0 亿千伏安，直流换流容量 4.3 亿千瓦。

“十三五”回顾

西电东送规模达到

2.7亿千瓦

省间交易电量

1.39万亿千瓦时

跨省跨区输电能力进一步提升。据行业不完全统计，截至 2020 年底，全国 330 千伏及以上跨区、跨省交流输电线路约 185 条，线路长度约 32150 公里；直流输电线路（含背靠背）共 32 条，线路长度 44633 公里；西电东送规模达到 2.7 亿千瓦。2020 年全国实现省间交易电量 1.39 万亿千瓦时，“十三五”期间省间交易电量保持在 9.8% 以上的增速。

配电网建设呈现新特征新趋势。“十三五”期间，随着高比例可再生能源、分布式电源的快速发展，传统无源配电网逐渐向有源配电网升级，催生微电网、主动配电网、区域能源网等多样化发展形态。以电动汽车、用户侧储能、高可靠性用电、绿电服务、智能用电等为代表的负荷侧用能新形态不断涌现，配电网供电服务内涵和外延进一步丰富。截至 2020 年底，全国主要电网公司管理区域内高压配电网变电容量约 23.2 亿千伏安，高压配电网线路长度约 113.2 万公里。

电化学储能“飞跃式”增长。“十三五”期间，电化学储能装机容量从 2015 年的 16.5 万千瓦增至 2020 年的 326.9 万千瓦，年均增长 81.7%。2020 年新增投运电化学储能实现了爆发式增长，年底电化学储能装机较 2019 年翻了一番。

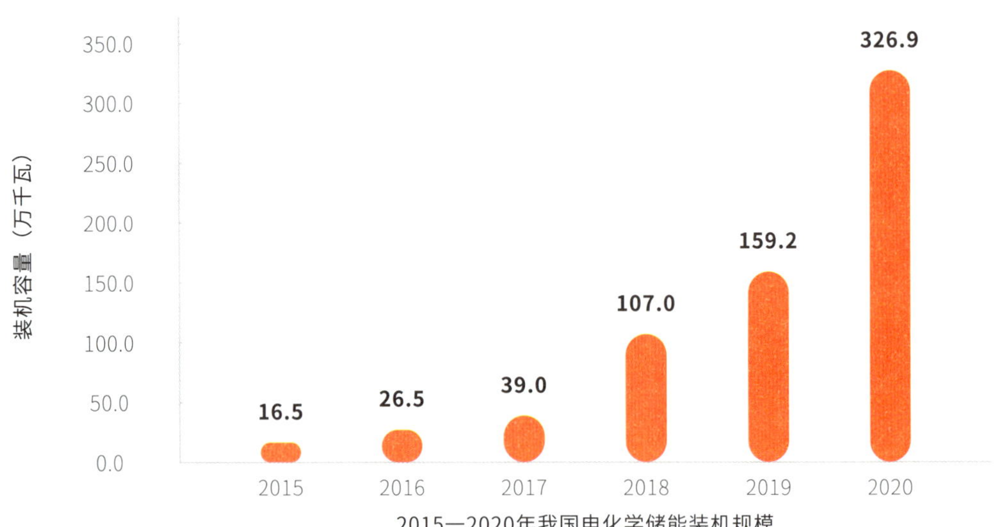

2015—2020年我国电化学储能装机规模

数据来源：中关村储能产业技术联盟

3.4 能源贸易

2020 年，根据国内能源供需形势，我国灵活利用国际市场，充分发挥进口补充调节作用，积极进口能源特别是油气资源，全年能源进口保持较快增长。

煤炭进口量小幅增长。2020 年我国煤炭进口 3.04 亿吨，出口 668 万吨，净进口 2.97 亿吨，同比增长 3.5%。2020 年我国从印度尼西亚、澳大利亚、俄罗斯、蒙古进口煤炭合计 2.87 亿吨，占总进口量的 94.4%。

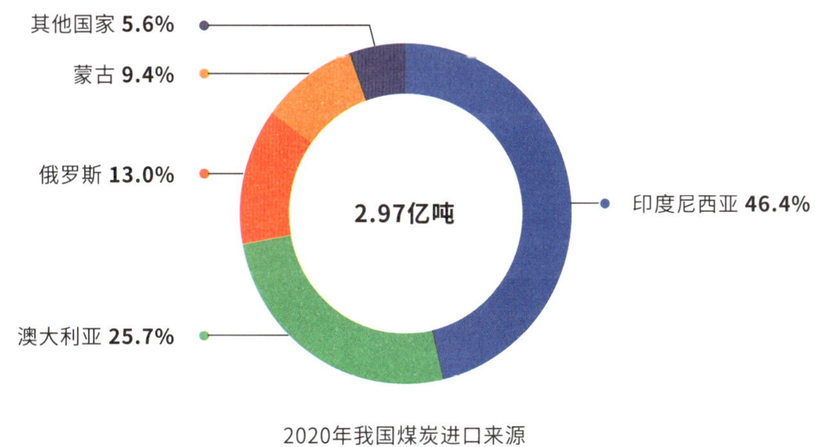

2020年我国煤炭进口来源

数据来源：海关总署

原油进口继续保持较快增长。在低油价下，国内企业加大原油进口力度，原油进口量达到 5.4 亿吨，同比增长 7.3%，原油对外依存度达到 74%，比上年提高 1 个百分点。

原油对外依存度达到

74%

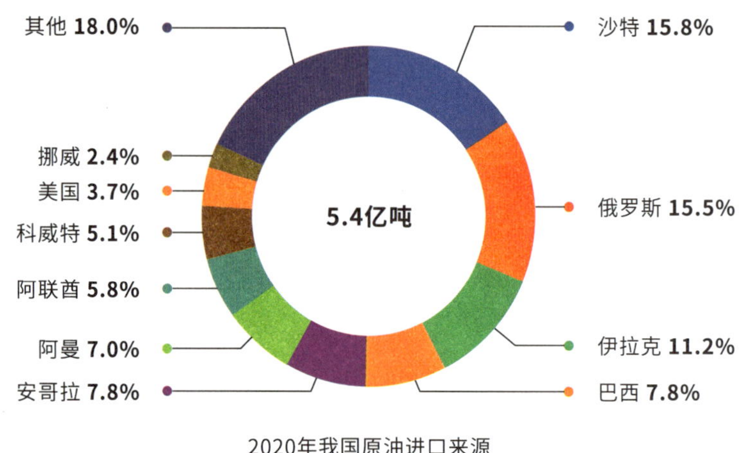

2020年我国原油进口来源

数据来源：海关总署

管道天然气进口下降

6%

LNG进口增长

12%

天然气进口增速回落。受国内天然气产量快速增长和需求增速放缓影响，我国天然气进口增速显著回落，2020 年天然气进口量约 1400 亿立方米，同比增长 5.3%，对外依存度达到 43%，比上年下降 1.2 个百分点。其中，管道气进口约 470 亿立方米，同比下降 6 个百分点；我国 LNG 接收能力继续保持增长，国际 LNG 现货价格处于历史低位，我国 LNG 进口继续增长，全年进口 930 亿立方米，同比增长 12 个百分点。从进口来源看，我国天然气进口主要来自澳大利亚、土库曼斯坦、卡塔尔等国，其中澳大利亚进口 LNG 约占全部进口量的 32%。

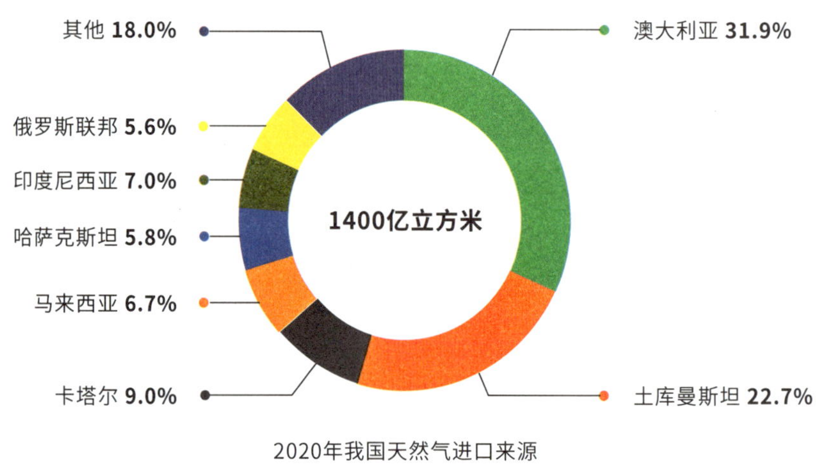

2020年我国天然气进口来源

数据来源：海关总署

“十三五”期间，能源进口增长较快。“十三五”以来，国内能源需求快速增长，能源进口量和对外依存度逐年攀升。原油进口量由2015年的3.3亿吨增至5.4亿吨，年均增长10.4%左右。天然气进口量由2015年的611亿立方米，增长到2020年的1400亿立方米。能源对外依存度由2015年的15.8%增至2020年的21.2%左右。

2020年，根据国内能源供需形势，我国灵活利用国际市场，充分发挥进口补充调节作用，积极进口能源特别是油气资源，全年能源进口保持较快增长。原油进口5.4亿吨，比上年增长7.3%；天然气进口1.0亿吨（1400亿立方米），增长5.3%；煤炭进口3.0亿吨，增长1.5%。2020年能源净进口量约10.5亿吨标准煤。

2020年能源进口量达到

10.5亿吨标准煤

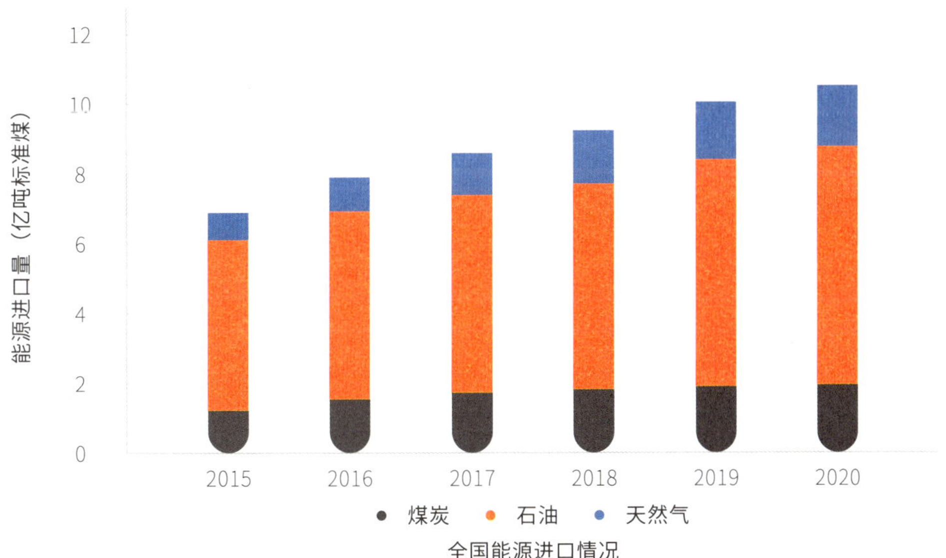

全国能源进口情况

数据来源：根据国家统计局及相关资料整理

04

能源技术篇

ENERGY TECHNOLOGY

“十三五”期间，我国能源技术自主创新和重大装备国产化取得积极进展，科技创新从“跟跑、模仿”为主，向“创新、主导”加速转变，形成了一大批标志性、战略性成果。2020年，我国能源科技创新能力和技术装备自主化水平显著提升，建设了一批具有国际先进水平的重大能源技术示范工程，能源技术装备、关键部件材料对外依存度有所降低，技术创新多点开花，新模式新业态蓬勃兴起。

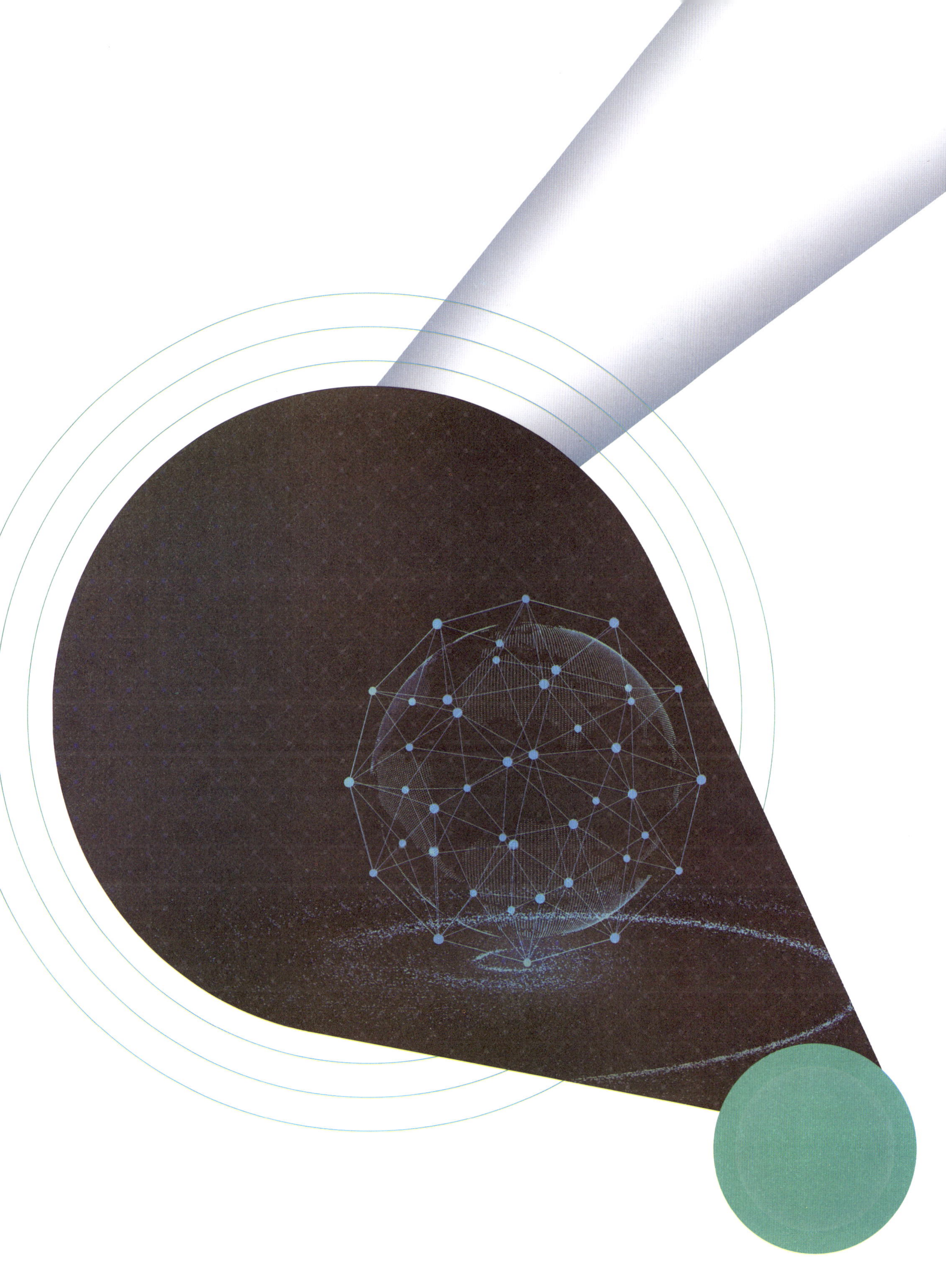

4.1
能源技术进展

能源勘探开发技术不断突破。煤矿数字化智能化绿色化转型全面提速，大型煤炭企业采煤机械化程度达到 98.86%。天然气水合物试采取得成功，在南海神狐海域创造产气总量 86.14 万立方米、日均产气量 2.87 万立方米两项新的世界纪录，实现从探索性试采向试验性试采的重大跨越。基本掌握深水油气田勘探开发全套技术，首个深水自营大气田陵水 17 一 2 开钻，国内最大海上高温高压气田东方 13 一 2 气田成功投产。

国内首台自主研发 F 级 50 兆瓦重型燃气轮机满负荷运行。2020 年 11 月 27 日，由中国东方电气集团自主研发的国内首台拥有自主知识产权的 F 级 50 兆瓦重型燃气轮机整机在四川德阳实现满负荷稳定运行，标志着我国已经完整掌握了燃气轮机自主设计、制造、试验全过程能力，重型燃气轮机自主研制国产化迈出关键一步。这是电站长期运行前的最后一项性能试验，也代表着通过 11 年攻坚，我国“啃”下了发电装备领域最后一块“硬骨头”。此次设备 100% 自主化后，整机制造成本可大幅降低，运行与维护价格可节省近一半，检修周期也可缩短 50% 以上。

自主核电技术迈入世界先进行列。2020 年 11 月 27 日，华龙一号全球首堆——中核集团福清核电 5 号机组首次并网成功，创造了全球第三代核电首堆建设的最佳业绩，标志着中国打破了国外核电技术垄断，正式进入核电技术先进国家行列。2020 年 10 月 19 日、11 月 3 日，全球首座高温气冷堆核电示范工程——华能石岛湾高温气冷堆核电站示范工程两台反应堆先后完成冷态功能试验，为加快高温气冷堆产业化推广，实现全球第四代核电技术引领迈出了关键一步。

福清核电站 图片转自福清核电

可控核聚变研究装置建成放电。2020 年 12 月 4 日，我国自主设计建造的可控核聚变研究装置“中国环流器二号 M”（HL — 2M）在成都正式建成放电，标志着我国正式跨入全球可控核聚变研究前列。该装置是我国目前规模最大、参数最高的先进托卡马克装置，将成为实现我国核聚变能开发事业跨越式发展的重要依托。

光伏转换效率再创新高。2020 年我国单晶硅太阳电池最高效率取得了突破性进展，汉能薄膜创造了 HJT 电池 25.1% 的中国最高效率，也是 6 英寸大面积的 HJT 太阳电池的世界最高效率，刷新了此前由其自身保持的 24.85% 的世界效率纪录，是迄今为止经国际第三方权威认证中国实验室电池效率最高的单结单晶硅太阳电池。晶科能源创造了 N 型单晶硅 TOPCon 双面电池 24.87%（全面积）和 24.90%（孔径面积）的中国最高效率纪录。极电光能钙钛矿组件多次刷新国内记录。

成功研发煤制油调和柴油。2020 年 9 月 3 日，国家能源集团煤制油调和柴油符合国标，开始销售出厂。国家能源集团是全球唯一同时掌握百万吨级煤直接液化和煤间接液化两种煤制油核心技术的公司，建设运营世界首套、全球唯一的百万吨级煤直接制油项目和全球单体规模最大的 400 万吨级煤间接制油项目。两种煤基柴油调和后大幅提升了煤基柴油质量，且完全符合国标车用柴油要求，有效解决了两种工艺柴油产品无法按照现行国标销售的困局，进一步拓宽了煤基油品销售市场。

4.2 重点工程项目

张北至北京 ±500 千伏柔性直流电网竣工投产。2020 年 6 月，世界首个柔性直流电网工程——张北至北京 ±500 千伏柔性直流电网竣工投产。张北柔直工程是世界首个具有网络特性的直流电网工程，核心技术和关键设备均为国际首创，工程应用了先进的电力生产、传输、存储、消纳和运行控制技术，解决了柔性直流电网构建、柔性直流容量提升、柔性直流可靠性提升三大难题，是我国在世界直流输电创新领域的又一次突破。

张北-北京±500kV柔直换流站 中国电器工业协会

昆柳龙直流工程投产。2020 年 12 月，世界首个特高压多端混合直流工程——乌东德电站送电广东广西特高压多端柔性直流示范工程（简称昆柳龙直流工程）投产，这是世界首次运用特高压混合直流技术实现远距离送电，将直接推动我国电力技术和产业链抢占世界制高点。

核能供暖商用进一步推广。2019-2020 年首个供暖季，全国首个核能商用供热项目——海阳核电为周边 73 个小区持续供热 136 天，节约原煤 15579 吨。2020 年 11 月 25 日，全国“零碳”供暖城市创建暨国家能源核能供热商用示范工程二期开工仪式在海阳核电举行，标志着全国首个零碳供暖城市创建项目正式启动。该项目预计 2021 年建成，将实现海阳城区核能供暖“全覆盖”。

首例水热同传项目建成投用。2020 年 11 月，海阳核电水热同传创新示范项目顺利完成所有调试工作，按期完工投用。该项目是世界范围内首个水热同传工程实践，比传统分传技术节省投资约 50%，节省运维成本约 20%。项目设计输送量为每天 180 吨，依托电厂侧已有的海水淡化工程及供热设施，将满足饮用水标准的淡化海水加热至 85°C并输送至居民区，放热后的水进入供水系统使用。项目实现了淡水输送和热能输送的跨界整合，可同步缓解区域清洁取暖和淡水资源制约发展两项重大问题，为后续向胶东半岛长距离供热、输水提供了技术验证，对探索大规模核能供热、供水具有重要的现实示范意义。

山东海阳核电站全景 国家电投

供电煤耗刷新世界纪录。2020 年 12 月 16 日，世界首台 135 万千瓦煤电机组在安徽平山电厂并网，机组设计供电煤耗 251 克 / 千瓦时，成为世界燃煤发电的新标杆。“十三五”期间，我国煤电机组效率稳步提升。2020 年，全国 6000 千瓦及以上火电厂供电标准煤耗降至 305.5 克 / 千瓦时，煤电整体效率已处于世界先进水平。

平山项目二期

光热发电示范项目稳步推进。2020 年 1 月，内蒙古乌拉特中旗 10 万千瓦槽式导热油储热型光热发电项目并网，同年 12 月实现满负荷发电。该项目配置了 10 小时熔盐储热系统，为我国装机最大、储热时间最长的的槽式光热发电项目。通过配置储热系统，光热发电出力稳定、灵活可调、对电网友好，是实现我国能源转型不可或缺的重要技术手段。截至 2020 年底，我国储热型光热发电项目装机达 52 万千瓦左右。

乌特拉中旗光热项目 新华网

首条输煤管道带浆运行。2020 年 9 月，中国首条长距离输煤管道——神渭输煤管道成功带浆运行。管道设计年输送精煤 1000 万吨，规模为世界之最。管道通过高度自动化和智能化管控，在节省人力的同时大大提高安全性，还可成为矿区固体废弃物、充填材料的运输载体。该管道将满足渭北地区大型精细化工产业发展的煤炭需求，有望改善煤炭企业运输瓶颈问题，进而改变煤炭运输方式单一依赖铁路的固有格局。

图片转自全国能源信息平台

智能电网建设全面深化

智能调度系统广泛推进。截至 2020 年底，北京、江苏、湖北等 26 个省市共 32 个省级及以上调度控制中心均采用国家电网有限公司组织研发的智能电网调度控制系统（D5000），地级调度系统逐步推广 D5000 系统应用。南方电网五省区加快推广一体化电网运行智能系统（OS2）应用。内蒙古电力公司省级调度系统采用 D5000 平台，并完成 5 个地级调度系统 D5000 改造应用。

智能变电站建设如火如荼。2020 年，北京、江苏、湖北等 26 个省市开展就地化保护、一键顺控、主动预警、数字孪生、智能决策等智能变电站技术试点及应用，全面推进智能变电站三维正向设计和模块化建设。南方电网公司制定《智能变电站设计技术导则》和《智能变电站试点工程技术原则》，发布三维数字化标准，并依托基建项目持续推进 16 个智能变电站试点工程建设。内蒙古电力公司大力开展智能变电站建设，截止 2020 年底，已投运 1 座 500 千伏、4 座 220 千伏、12 座 110 千伏智能变电站。

智能计量设备全面覆盖。截至 2020 年底，国家电网公司、南方电网公司已基本实现智能电表全覆盖，内蒙古电力公司供电范围内智能电表覆盖率超过 90%。依托智能电表开展的“多表合一”模式逐步推行，实现水、电、气等集中采集和处理，该模式已在福建、安徽、广州、贵州等地试点应用。

多站融合建设加快推进。在国家加快新型基础设施建设的推动下，多站融合模式迎来新的发展契机。通过将 5G 基站、北斗基站、数据中心站、充换电站、储能站等功能融合一体，多站融合可充分利用站址资源，进一步提高城市空间承载能力，打造创新服务综合体。目前，国家电网公司已在浙江、江苏、山东、新疆等地投运多站融合项目，旗下国网信通产业集团表示将进一步在全国 20 多个省区市内推广多站融合模式。2020 年 11 月 27 日，南方电网公司首个商运多站融合项目投运，项目位于深圳市宝安区 110 千伏创新变电站，实现首次提供云服务、首个集装箱数据中心等创新。

国内最大煤基芳烃项目建成投产。2020 年 10 月，国内最大煤基芳烃项目——陕西精益化工有限公司 50 万吨 / 年煤焦油深加工多联产综合利用项目在陕西榆林神木市全面建成投产。该项目创造了同行业 5 项全国第一：在国内首次采用沸腾床＋固定床（FFT+FHC）煤焦油加氢组合技术，实现了该技术首套工业化应用；国内首次自主创新并应用原煤纯氧燃烧热解技术；两项技术一次性示范应用成功，创国内纪录；煤基芳烃生产装置规模国内最大；硅铁项目综合冶炼电耗国内最低。

国内首套 20kW 级固体氧化物燃料电池（SOFC）发电系统试车成功。2020 年 10 月，国家能源集团自主研发的国内首套 20kW 级固体氧化物燃料电池（SOFC）发电系统在宁夏煤业实验基地试车成功，达到运行条件。系统工况设计发电 15kW，实际发电 15.7kW。SOFC 能够利用氢气、合成气、天然气、沼气以及液体燃料等发电，是联合煤气化燃料电池发电（IGFC）系统中的核心装备。此次试车成功是国内首套 IGFC 核心装备的成功运行，为兆瓦级联合煤气化燃料电池发电示范系统的建设与运营奠定了基础。

国内首套20kW级固体氧化物燃料电池发电系统 国家能源集团

4.3 能源技术发展趋势

化石能源高效利用技术。随着“30 60”目标的提出，未来煤炭、石油、天然气消费将依次达峰，化石能源逐渐由主体能源过渡为安全保障能源。煤层气、页岩油气勘探开发技术，可以有效缓解我国油气对外依存度较高的困境，缓解能源安全供应压力。以低阶煤分级分质利用技术、煤制清洁燃料和化学品技术为代表的煤炭清洁高效利用技术，可以提高煤炭利用效率，进而减缓煤炭需求增长，同时有效利用非优质动力煤资源，达到经济可行、环境友好、高效清洁的煤炭利用。

可再生能源高效开发利用技术。构建以可再生能源为主体的能源系统是能源发展的大趋势。风能、太阳能等可再生能源的利用发展较为快速，其成熟的技术已进入规模化发展阶段，未来的技术创新方向是高效、低成本、规模化、降低环境负荷。对于生物质能、海洋能、地热能等新兴可再生能源领域，未来科技创新的重要任务是突破产业化发展的瓶颈。

浮式海上风电成“新宠”

浮式海上风电由于不受水深限制以及能够简化机组吊装，大大扩展了风能可开发海域。受技术和成本限制，多年来，浮式海上风电一直未能规模化发展，截至 2019 年装机尚不足百兆瓦。然而，2020 年，意大利、西班牙、日本、韩国、越南等多国先后宣布加入浮式海上风电项目建设大军，bp、壳牌等传统油气巨头也纷纷“下海”，通过并购、投资等方式快速进入市场。IRENA 预测，浮式基础将在 2020 年至 2025 年之间实现大规模商业化应用。就目前而言，浮式海上风电能够能否快速发展，还面临着成本、技术、产业链、商业模式等多方面的挑战。

图片转自摩尔芯闻

零碳太阳能燃料研发技术受到广泛关注

太阳能燃料包括光催化制氢、光催化还原 CO_2 制备碳基燃料和高价值化学品、人工光合系统等。中国科学院科技战略咨询研究院《未来科技系列报告》显示，全球 2000 — 2019 年间太阳能燃料研究的发文量和关注度都位居前列。

光解水制氢是最早开始研究的太阳能燃料制备路线，但当前全球光催化制氢仍处于实验室研发阶段。可再生能源发电的快速增长带动了电解水制氢成为绿色、可持续的太阳能燃料生产路线。此外，氢和二氧化碳通过催化反应转化为甲醇等碳氢燃料，可以降低氢储运的安全风险，同时将二氧化碳还原进入化学品。近年来，利用聚光太阳能制备燃料也逐渐成为前沿基础研究热点，如通过太阳能热化学分解二氧化碳和水得到碳氢化合物，以及聚光太阳能驱动甲烷化学链制氢等。降低成本、提高效率是太阳能燃料制备技术产业化的关键。

先进能源储用技术。储能技术是推动可再生能源大规模发展的支撑性技术，未来储能技术将向大规模、大容量、低成本、长寿命的大型储能，以及高性能、安全可靠、低成本、长寿命的小型储能方向发展。氢能是化石能源向可再生能源过渡的重要桥梁，也是可再生能源消纳存储的重要手段，在未来的能源体系中可成为与电能并重且互补的终端能源，氢燃料电池的应用已扩展到交通、电力、微型电源和军事等诸多领域。廉价的规模制氢技术和安全高效的氢能储输技术仍将是解决氢能供应面临的两大核心问题，低成本、稳定、高能量密度、具有环境适应性的燃料电池技术是氢能大规模应用的重要途径。

氢能制、运、储、用技术有待全面突破

全球多国均制定了本国氢能与技术发展的路线图，尽管各有侧重，但对未来氢的制备、存储、输运及加注等技术发展方向的预测基本一致，即在未来的 20-30 年，氢能技术的发展将以高效、洁净、经济的制备技术为出发点，重点突破氢能存储、输运和加氢站技术，以燃料电池作为应用领域的重点发展方向，开展燃料电池关键材料与部件的标准制定、应用研究、市场建设，力争在 2035 年左右实现关键技术突破和示范应用，2050 年前后建成氢能应用网络，实现大规模商业化推广。

电池材料、性能突破路线和分布式配置技术将成为储能电池的研究热点

随着储能技术在能源生产、消费以及低碳智慧转型中的广泛应用，提高储能电池的安全性、能量密度、容量规模、续航能力、服役寿命以及降低电池成本的需求越来越迫切。有关研究认为，电极材料、电解液等电池材料是提高电池性能的研究热点，磷酸铁锂电池和三元锂电池已相继成为动力电池材料创新的主要技术方向。电池性能突破路线主要包括储能电池系统结构创新、电池包空间利用优化、电池能量密度及安全性提升、电池成本大幅降低等。此外，由于光伏和风力发电成本的大幅降低，除集中式可再生能源发电规模将继续扩大外，分布式可再生能源发电潜力也将进一步释放，配置在绿电生产基地、工业园区、建筑组团的分布式多能互补系统以及独立可再生能源系统中的储能电池装机预计将会迎来加速增长，亟须电池储能核心技术的持续突破，电动车电池的衰减和废弃物处理问题也有待解决。

新型电力 / 能源系统技术。新型电力系统技术创新将在智能调控技术、信息通信技术、电力输配基础材料、设施和装备技术等方面着力，重点加快电力系统的数字化、智能化转型，包括电力系统各环节的数字化升级改造，智能化技术的研发应用，以及人工智能、大数据、物联网等新兴技术与电力技术的融合应用等。新型能源系统将以系统集成的方式实现高效融合互补发展，将在可再生能源的多能互补技术、分布式能源系统及局域能源微网技术、可再生能源与化石能源的综合利用技术等方面重点突破。同时，能源领域和信息、交通、材料、控制、互联网领域大量交叉集成，将派生出一批新技术、新业态和新商业模式。

电网公司加快数字化转型

智能电网经过多年实践和探索，其数字化转型的内涵逐步呈现，数字化、网络化、智能化的主线更加凸显。国家电网公司高度重视数字化转型工作，夯实软硬件基础设施的发展基础，狠抓数据管理，加快数据、业务、技术中台建设，全面部署电网数字化平台、电力物联网、能源大数据中心建设等，2020 年在数字新基建领域投入达到 247 亿元，并与 41 家互联网相关企业开展战略合作。南方电网公司系统推进电网数字化、智能化建设，以打造安全、可靠、绿色、高效、智能的现代化电网为目标，全面打造一体化电网运行智能系统，以数据模型算法赋能电力供应，通过“电力 + 算力”支撑绿色能源供给体系建设。2020 年 11 月 13 日，南方电网公司发布首份《数字电网白皮书》，系统性地提出“数字电网”概念体系和内涵特征，首创南网以数字化推动能源生态系统利益相关方开放合作、互利共生、协作创新的电网发展新思路。2021 年 3 月，内蒙古电力公司召开“生产精益化管理平台”信息化建设项目启动会，标志着全网生产管理数字化转型拉开序幕。

自动驾驶成为车企竞争高地

2020 年，自动驾驶蓬勃发展，企业融资消息不断。自动驾驶技术稳定性、安全性得到大幅提升的同时，消费者对其接受度也不断提高，已经到了向商业化、产品化推进的节点。目前全国已有超过 30 个智能网联示范区，包括上海、重庆、无锡、武汉、广州、长沙、成都等 10 个国家级示范区。测试场景也由单一路测环境向多应用场景、多测试环境转变，从示范点、示范区建设向综合性、城市级车联网先导区建设转变。

在汽车智能化趋势下，车企同步加码研发。福特中国宣布将在湖南长沙市智能网联汽车开放测试道路上进行基于 C — V2X 技术的车路协同，长安汽车、广汽新能源等车企陆续透露 L4 自动驾驶车型量产时间，未来两三年将有大批无线充电车型上市。动力电池领域更是掀起了一场技术战。比亚迪推出刀片电池，大幅提高了电池模组的生产效率和总体性能；蜂巢能源率先发布无钴电池和采用凝胶状电解质的“果冻电池”；特斯拉发布“4680”无极耳电池，预计 2022 年实现大规模量产。

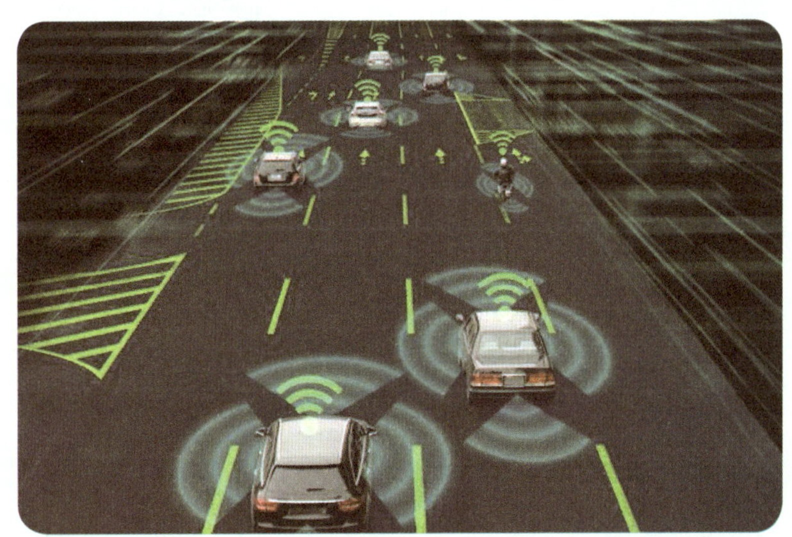

图片转自新浪汽车

05

能源政策篇

ENERGY POLICIES

“十三五”期间，我国能源体制改革不断深入推进，重点领域和关键环节改革取得重要进展，四梁八柱基本构建，改革红利进一步释放。电力、油气体制改革全面深化，能源法制建设取得积极进展，“放管服”改革成效明显，国企并购重组迎来新高潮。

2020 年，我国能源市场化改革不断推进。组建规范电力交易中心，交易品种不断丰富，输配电价改革实现省级电网全覆盖，配售电业务加快放开，初步形成多元化市场主体参与配售电业务的格局。国家管网集团全面接管三大国有石油公司主干油气管道等基础设施资产及人员，上海、大连、深圳、杭州纷纷搭建油气产品交易平台，开启了中国油气市场化的新时代。《中华人民共和国能源法（征求意见稿）》印发、《中华人民共和国资源税法》正式实施，标志着我国能源领域的法制建设向前迈进了一大步。

5.1 全球能源政策趋势

多国设立碳中和目标。发展低碳能源、降低碳排放已经成为世界各国的普遍共识，2020 年 3 月，欧盟委员会公布《欧洲气候法》草案，将 2019 年 12 月提出的 2050 年实现碳中和的政治承诺正式入法。按照草案要求，欧盟所有成员国都要采取必要措施以实现上述目标。草案还规定了评估成果的措施以及分步实现 2050 年目标的路线图。12 月，欧盟 27 国领导人通过了欧盟委员会关于实现碳中和中期目标的提议，将 2030 年温室气体减排目标从相较于 1990 年水平的 40% 提升至 55%，并写入欧盟法律以强制要求所有成员国遵守。10 月 26 日，日本首相菅义伟在上任后的第一次国会讲话时宣布日本将在 2050 年前实现碳中和。10 月 28 日，韩国总统文在寅在国会发表演讲时宣布韩国将在 2050 年前实现碳中和。据能源和气候信息小组（Energy &Climate Intelligence Unit）统计，瑞士、英国、法国等 6 个国家已立法明确碳中和目标，欧盟以及加拿大、智利、西班牙等 5 个国家处于立法状态。

氢能扶持政策密集发布。2020 年，全球多国争相宣布重金投资氢能产业，国家级氢能战略频频出台。7 月，欧盟发布《欧盟氢能战略》，提出了欧洲长期发展氢能的战略蓝图，包括打通制氢、储氢、运氢的全产业链，以及在冶金、货车、轨道交通、海上轮船等交通行业制定支持政策。同时段，德国、法国、西班牙、意大利、葡萄牙、荷兰、挪威等国先后发布各自的国家氢能战略或氢计划，建立对未来氢能的生产、运输、使用以及相应的技术创新和投资的政策框架。11 月，美国能源部公布《氢能项目计划》，制定氢能技术研究、开发和示范活动的总体战略框架，明确氢能研究项目计划的战略方向，提出氢的制备、运输、储存、转化和应用等领域的应用现状、面临挑战及研发方向。12 月，加拿大发布《加拿大氢能战略》，提出分 3 个阶段发展国家氢能产业，计划到 2050 年国内供应量超过 2000 万吨 / 年，实现 30% 的能源以氢能的形式输送。与此同时，跨国企业也积极"跑马圈地"，壳牌、bp、道达尔等国际大型油气企业均在推进各自的氢能项目落地。

交通领域继续加快低碳节能转型。为了履行气候协议实现减排目标，近年来各国对零碳低碳燃料和相关技术的重视达到了前所未有的高度。欧盟制定了一系列新政，规定自 2021 年起，欧盟境内新乘用车的平均二氧化碳排放量不得高于每千米 95 克，到 2025 年和 2030 年，则需要在这一基础上再分别降低 15% 和 37.5%。英国目前使用的无铅汽油中混合了 5% 的生物乙醇，政府考虑引入混有 10% 生物乙醇的低碳燃料。在航空领域，欧盟委员会计划于 2021 年对航空燃油混合可再生燃料进行立法，欧盟多国已经开始积极筹备行动：2020 年，德国公布法律草案称，计划 2030 年前航空领域所用燃料中需混合 2% 的零碳排放可再生燃料；法国政府发布减碳路线图，要求航空业从 2022 年起在燃油中混合 1% 可再生燃料，到 2025 年将这一比例提升至 2%，到 2050 年提升至 50%；挪威要求从 2020 年起在航空燃油中混合 0.5% 的生物燃料；芬兰则宣布将在 2030 年前在航空燃油中实现 30% 的生物燃料混合比例。2020 年 1 月起，国际海事组织（IMO）"限硫令"生效，将船用燃料含硫量的上线标准从 3.5% 降至 0.5% 以下。

5.2
我国能源政策盘点

习近平主席郑重作出“碳中和、碳达峰”承诺。2020 年 9 月 22 日，习近平主席在第七十五届联合国大会一般性辩论上发表重要讲话。习主席指出：中国将提高国家自主贡献力度，采取更加有力的政策和措施，二氧化碳排放力争于 2030 年前达到峰值，努力争取 2060 年前实现碳中和。此后 9 月 30 日、11 月 12 日、11 月 17 日、11 月 22 日，习主席在联合国生物多样性峰会、第三届巴黎和平论坛、金砖国家领导人第十二次会晤、二十国集团领导人利雅得峰会“守护地球”主题边会上多次重申这一承诺。12 月 12 日，习主席在气候雄心峰会上进一步宣布：到 2030 年，中国单位国内生产总值二氧化碳排放将比 2005 年下降 65% 以上，非化石能源占一次能源消费比重将达到 25% 左右，森林蓄积量将比 2005 年增加 60 亿立方米，风电、太阳能发电总装机容量将达到 12 亿千瓦以上。

国家能源法公开征求意见。为了规范能源开发利用和监督管理，保障能源安全，优化能源结构，提高能源效率，促进能源高质量发展，根据宪法，国家能源局起草了《中华人民共和国能源法（征求意见稿）》，2020 年 4 月 10 日起向社会公开征求意见。

碳排放权交易管理办法公布试行。为落实党中央、国务院关于建设全国碳排放权交易市场的决策部署，在应对气候变化和促进绿色低碳发展中充分发挥市场机制作用，推动温室气体减排，规范全国碳排放权交易及相关活动，2020 年 12 月 25 日，生态环境部部务会议审议通过《碳排放权交易管理办法（试行）》，于 2021 年 2 月 1 日起施行。

《新时代的中国能源发展》白皮书发布。2020年12月21日，国务院新闻办公室发布《新时代的中国能源发展》白皮书。白皮书指出，中国将坚持创新、协调、绿色、开放、共享的新发展理念，以推动高质量发展为主题，以深化供给侧结构性改革为主线，全面推进能源消费方式变革，构建多元清洁的能源供应体系，实施创新驱动发展战略，不断深化能源体制改革，持续推进能源领域国际合作，中国能源进入高质量发展新阶段。

《2020年能源监管任务清单》发布。2020年4月，国家能源局发布《2020年能源监管任务清单》，明确将在全国范围内开展“国家‘十三五’能源规划目标任务落实情况”及“提升用户‘获得电力’优质服务水平”综合监管。这是国家能源局首次以清单形式开展能源监管工作，集中展现了2020年能源监管工作要点，充分体现了国家能源局系统内的协同联动作用，将对提高能源监管的有效性，实现监管工作全局“一盘棋”和精准发力具有重要意义。

可再生能源补助规则进一步明确。2020 年 1 月，财政部、国家发展改革委、国家能源局印发了《关于促进非水可再生能源发电健康发展的若干意见》，明确了可再生能源电价附加补助资金结算规则。《意见》主要明确四方面内容：一是坚持以收定支原则，新增补贴项目规模由新增补贴收入决定，做到新增项目不新欠；二是开源节流，通过多种方式增加补贴收入、减少不合规补贴需求，缓解存量项目补贴压力；三是凡符合条件的存量项目均纳入补贴清单；四是部门间相互配合，增强政策协同性，对不同可再生能源发电项目实施分类管理。9月，财政部、国家发展改革委、国家能源局印发《关于〈关于促进非水可再生能源发电健康发展的若干意见〉有关事项的补充通知》，从项目合理利用小时数、项目补贴电量、补贴标准等方面进一步明确了可再生能源补贴规则，并明确了项目核查办法。

风电光伏项目建设要求进一步明确。2020 年 3 月，国家能源局印发《关于 2020 年风电、光伏发电项目建设有关事项的通知》，对项目建设管理有关各方明确了相关要求。一是对省级能源主管部门，要求根据国家可再生能源“十三五”相关规划、电网消纳能力、监测预警要求等，合理安排新增核准（备案）项目规模，规范有序组织项目建设，并加强项目信息管理。二是对电网企业，要求及时测算论证 2020 年风电、光伏发电新增消纳能力并落实消纳方案，做好电力送出工程建设衔接，合理安排项目并网时序。三是对投资企业，要求理性投资、防范投资风险，严格落实各项建设条件，有序组织项目开工建设，加强工程质量管控。四是对各派出机构，要求加强对规划落实、消纳能力论证、项目竞争配置、电网送出工程建设、项目并网消纳等事项的监管。

八部委联合印发煤矿智能化发展指导意见。2020 年 2 月，国家发改委、能源局、应急部、煤监局、工信部、财政部、科技部、教育部 8 部委联合印发《关于加快煤矿智能化发展的指导意见》，首次提出智能化发展的 3 个阶段性目标，并明确 10 项主要任务。由此，煤炭行业按下智能化发展加速键，开启智能化元年。为更好发挥示范煤矿的引领带动作用，8 月，国家能源局和国家煤矿安全监察局下发《关于开展首批智能化示范煤矿建设推荐工作有关事项的通知》，正式从国家层面组织相关单位开展首批智能化示范煤矿建设工作。

新能源汽车产业发展规划发布。2020 年 11 月，中国发布《新能源汽车产业发展规划（2021 — 2035）》，计划到 2025 年，纯电动乘用车新车平均电耗降至 12.0 千瓦时 / 百千米；到 2035 年，纯电动汽车成为新销售车辆的主流，公共领域用车全面电动化，燃料电池汽车实现商业化应用。

氢能战略地位继续提高。2020 年初，国家发改委、司法部发布《关于加快建立绿色生产和消费法规政策体系的意见》，明确将于 2021 年完成研究制定氢能、海洋能等新能源发展的标准规范和支持政策。4 月，国家能源局发布《中华人民共和国能源法（征求意见稿）》，拟将氢能列入能源范畴，将极大助推氢能行业的发展。5 月、6 月，氢能先后被写入《2020 年国民经济和社会发展计划》、《2020 年能源工作指导意见》，进一步明确积极推进氢能技术进步和产业发展。

"十三五"期间清洁能源产业相关政策汇总表

发布时间	政策名称	主要内容
2016年11月	电力发展"十三五"规划	提出了"十三五"期间水电、风电、太阳能发电、生物质发电、核电的装机目标。
2018年10月	清洁能源消纳行动计划(2018—2020年)	提出2020年清洁能源消纳具体指标：平均风电利用率力争达到95%左右，光伏发电利用率高于95%，水能利用率95%以上。
2019年04月	产业结构调整指导目录（2019年本，征求意见稿）	明确支持包含太阳能、风能、海洋能、地热能、生物质能、氢能等开发利用的14类新能源工程。
2019年05月	关于建立健全可再生能源电力消纳保障机制的通知	明确按省级行政区域确定可再生能源消纳责任权重，由各省级能源主管部门牵头承担消纳责任权重落实责任，售电企业和电力用户协同承担消纳责任。国务院能源主管部门对各省级行政区域消纳责任权重完成情况进行监测评价，将可再生能源消纳量与全国能源消费总量和强度"双控"考核挂钩。
2020年01月	关于促进非水可再生能源发电健康发展的若干意见	坚定以收定支原则，新增补贴项目规模由新增补贴收入决定，做到新增项目不新欠。开源节流，通过多种方式增加补贴收入，减少不合规补贴需求，缓解存量项目补贴压力。符合条件的存量项目均纳入补贴清单。部门间相互配合，增强政策协同性，对不同可再生能源发电项目实施分类管理。
2020年05月	关于建立健全清洁能源消纳长效机制的指导意见(征求意见稿)	明确提出要通过构建以消纳为核心的清洁能源发展机制、加快形成有利于清洁能源消纳的电力市场机制等来提升清洁能源消纳，建立健全清洁能源消纳长效机制。

“十三五”期间清洁能源产业相关政策汇总表

其中，（1）风能、太阳能领域：		
2016年12月	太阳能利用“十三五”发展规划	继续扩大太阳能利用规模，鼓励太阳能利用向建筑供暖、工业供热和农业市场等领域扩展。
2017年02月	2017年能源工作指导意见	大力发展太阳能；继续实施光伏发电“领跑者”行动，充分发挥市场机制作用，推动发电成本下降；调整光伏电站发展布局，严格控制弃光严重地区新增规模，对弃光率超过5%的省份暂停安排新建光伏发电规模；稳步推进太阳能热发电示范项目。
2019年02月	国家林业和草原局关于规范风电场项目建设使用林地的通知	明确了风机基础、施工和检修道路、升压站、集电线路等禁止占用林地的类型。
2019年04月	关于完善风电供暖相关电力交易机制扩大风电供暖应用的通知	指出要进一步完善风电供暖电力市场化交易机制，做好风电清洁供暖组织协调和建设管理工作，扩大风电供暖应用范围和规模。
2019年04月	关于2019年脱贫攻坚工作要点的通知	指出在风电平价上网项目布局及竞争性配置有国家补贴风电项目方面向贫困地区倾斜，积极推动四川凉山、甘肃通渭大型风电基地建设。
2019年04月	关于完善光伏发电上网电价机制有关问题的通知	将集中式光伏电站标杆上网电价改为市场化竞争下的指导价，新增集中式光伏电站上网电价原则上通过市场竞争方式确定，不得超过所在资源区指导价，下调新增分布式光伏发电补贴标准。
2019年05月	关于2019年风电、光伏发电项目建设有关事项的通知	积极推进平价上网项目建设，严格规范补贴项目竞争配置，全面落实电力送出消纳条件，优化建设投资营商环境。
2019年05月	关于完善风电上网电价政策的通知	将陆上风电标杆上网电价改为指导价，新核准的集中式陆上风电项目上网电价全部通过竞争方式确定，且不得高于项目所在资源区指导价。

“十三五”期间清洁能源产业相关政策汇总表

2019年05月	2019年风电项目建设工作方案	鼓励支持在同等条件下优先建设平价上网风电项目，一是对2019年不需要国家补贴竞争配置项目总量规模的地区，在确保具备消纳条件的前提下，可开展建设与消纳能力相匹配的平价上网风电项目；二是各地区消纳能力配置方面，在不影响已并网和核准有效项目的电力消纳基础上，测算确认的消纳能力优先向新建平价上网项目配置；三是对已核准并在有效期的在建项目，如消纳能力有限，优先落实自愿转为平价上网项目的电力送出和消纳。
2019年05月	2019年光伏发电项目建设工作方案	将光伏发电建设的管理机制概括为“六个定”，即财政部门定补贴额度、价格部门定价格上限、能源部门定竞争规则、企业定补贴强度、市场定建设规模、电网定消纳能力。
2019年12月	关于征求2020年风电建设管理有关事项的通知（征求意见稿）的函	明确2020年将继续积极推进平价上网项目建设，各省级能源主管部门可自行组织、优先推进无补贴平价上网风电项目建设，积极支持分散式风电项目建设，推动分散式风电参与分布式发电市场化交易试点。
2020年08月	关于推动交通运输领域新型基础设施建设的指导意见	鼓励在高速公路服务区、边坡等合理布局光伏发电设施。

“十三五”期间清洁能源产业相关政策汇总表

（2）生物质能领域：		
2016年10月	生物质能发展“十三五”规划	大力推动生物天然气规模化发展，积极发展生物质成型燃料供热，稳步发展生物质发电，加快生物液体燃料示范和推广。
2017年12月	关于开展秸秆气化清洁能源利用工程建设的指导意见	到2020年，建成若干秸秆气化清洁能源利用实施县，实施区域内秸秆综合利用率达到85%以上，有效替代农村散煤，为农户以及乡镇学校、医院、养老院等公共设施供应炊事取暖清洁燃气。
2017年12月	关于促进生物质能供热发展的指导意见	到2020年，生物质热电联产装机容量超过1200万千瓦，生物质成型燃料年利用量约3000万吨，生物质燃气（生物天然气、生物质气化等）年利用量约100亿立方米，生物质能供热合计折合供暖面积约10亿平方米，年直接替代燃煤约3000万吨。形成以生物质能供热为特色的200个县城、1000个乡镇，以及一批中小工业园区。
2019年12月	关于促进生物天然气产业化发展的指导意见	加快生物天然气工业化商业化开发建设，建立健全生物天然气产业体系。
2020年09月	完善生物质发电项目建设运行的实施方案	合理安排2020年中央新增生物质发电补贴资金，全面落实各项支持政策，推动产业技术进步，提升项目运行管理水平，逐步形成有效的生物质发电市场化运行机制，促进生物质发电行业持续健康发展。

“十三五”期间清洁能源产业相关政策汇总表

(3) 氢能领域:		
2020年10月	北京市氢燃料电池汽车产业发展规划（2020—2025年）	到2025年培育5家～10家氢燃料电池汽车龙头企业，力争实现氢燃料电池汽车累计推广量1万辆，实现氢燃料电池汽车全产业链产值240亿元。
2020年01月	天津市氢能产业发展行动方案（2020—2022）	到2022年，氢能产业总产值突破150亿元，引育2至3家优势龙头企业，力争建成至少10座加氢站、打造3个氢燃料电池车辆推广应用试点示范区。
2020年11月	上海市燃料电池汽车产业创新发展实施计划	到2023年，上海燃料电池汽车产业实现“百站、千亿、万辆”总体目标，规划加氢站接近100座并建成运行超过30座，形成产出规模约1000亿元，推广燃料电池汽车接近10000辆。
2020年03月	重庆市氢燃料电池汽车产业发展指导意见	到2025年，建成加氢站15座，氢燃料电池汽车运行规模力争达到1500辆。
2020年11月	广东省加快氢燃料电池汽车产业发展实施方案	力争2022年实现首批氢燃料电池乘用车示范运行。
2020年07月	广州市氢能产业发展规划(2019—2030年)	到2030年，建成加氢站100座以上，氢能产业实现产值预计2000亿元以上。
2020年10月	张家港市鼓励氢能产业发展的有关意见	明确加氢站建设和运营、氢燃料电池车、氢能优势企业投资、关键零部件制造、参与标准修订、加大氢能人才引进力度、支持关键技术研发、加大金融支持力度等8个方面的扶持政策。
2020年06月	山东省氢能产业中长期发展规划（2020—2030年）	到2030年，燃料电池发动机产能达到10万台，燃料电池整车产能达到5万辆，氢能产业总产值规模突破3000亿元，累计推广燃料电池汽车5万辆，累计建成加氢站200座，燃料电池固定式发电装机1000MW。

“十三五”期间清洁能源产业相关政策汇总表

发布时间	政策名称	主要内容
2020年07月	河北省氢能产业链集群化发展三年行动计划（2020—2022年）	到2022年，氢能关键装备及其核心零部件基本实现自主化和批量化生产，氢能产业链年产值150亿元；全省燃料电池公交车、物流车等示范运行规模达到4000辆。
2020年09月	四川省氢能产业发展规划（2021—2025年）	到2025年，燃料电池汽车应用规模达6000辆，氢能基础设施配套体系初步建立，建成多种类型加氢站60座，健全强化氢能产业链，培育国内领先企业25家。
2020年05月	宁夏回族自治区加快培育氢能产业发展指导意见	到2025年，力争建成1座—2座日加氢能力500公斤及以上加氢站；支持银川市率先开通1条—2条示范公交线路运营氢燃料电池公交车。
2020年09月	武汉市氢能产业突破发展行动方案	到2023年，突破工业副产氢、常温常压液态储氢、超高温垃圾转化制氢、电解水制氢等技术应用，培育5家—10家制氢（氢源）、氢储运重点企业，建成15座以上加氢站，打造沿三环线、四环线加氢走廊。
2020年12月	福州市促进氢能源产业发展扶持办法	明确加氢站补助规则。

5.3 油气体制改革进展

油气全产业链开放付诸实施。2020 年，我国坚定不移地推进油气全产业链开放，能源法制建设稳步推进。《中华人民共和国资源税法》9 月 1 日正式施行。根据自然资源部发布的文件，5 月 1 日我国油气勘查开采市场正式启动全面对内外资开放。自然资源部开启第四轮页岩气矿权竞争性出让，延长勘探周期、划小出让面积、降低出让价款，逐渐探索出适合多种所有制进入上游领域的有效模式。油气全产业链向民企开放的承诺付诸实施，赋予浙江石化成品油非国营贸易出口资格。

国家油气管网公司资产移交完成，正式并网运行。9 月 30 日，三大公司完成了管网资产移交，次日管网公司正式并网运行。

初步建立油气托运商机制，基础设施公平开放水平不断提高。2020 年 10 月 10 日，国家管网集团开通公平开放专栏，面向全社会公布了在役油气管道、地下储气库、LNG 接收站等基础设施基本参数、剩余能力、服务价格、接入资质标准等相关信息，并按要求定期进行滚动更新，引导托运商利用管网富余能力输油输气、代储代销。同时上线了客户管理系统，开展首批托运商准入，共收到 958 家企业提交的有效信息，660 家托运商获得准入资质。2021 年 1 月，国家管网集团开展了 LNG 接收站窗口期受理，共有 54 家托运商入围集中受理，初步向新奥燃气、中国石化、深圳燃气等市场主体开放了 LNG 接收站窗口，向新疆庆华等主体开放了天然气管道，初步推出的油气托运商机制获得了社会各界高度关注和积极评价。下一步，随着公平开放的持续推进，托运商机制在管输资源、服务类型、计量方式、管输费用等方面仍将持续完善和提升。

广东省管网率先融入国家管网，“全国一张网”建设进入新阶段。2020 年 9 月，国家管网集团与广东省人民政府签署战略合作协议，广东省天然气管网公司成为首个以市场化方式融入国家管网集团的省级天然气管网，表明国家油气管网运营机制改革得以深入实施，“全国一张网”建设和运营进入新阶段。随后按照协议，双方通过股权重组正式注册成立国家管网集团广东省管网有限公司，作为省内天然气管网的唯一建设运营主体，对全省天然气管网进行统一规划、统一建设、统一调度、统一维护，进一步丰富“全国一张网”的内涵，从全国到省区真正构建“X+1+X”的油气市场化体系。在天然气“全国一张网”背景下，根据相关规划，广东省管网公司将在国家统一规划支持下，集中国家管网专业化优势，借助相关资源的统一调配支持，加快省内管网建设，加强与国家级主干管网充分连通，实现广东省内天然气管网“市市通”“县县通”，提高省内输配效率，确保天然气安全、稳定、低成本供应，促进全省能源绿色低碳化转型。广东省网率先融入国家管网是全国省网发展的“风向标”，对其他省份来说无疑具有重要的示范带动效应。随后，经济较为发达的湖南省签署协议将其管网融入国家管网，全面加快省内天然气管道建设，实现省内外“全国一张网”优化供气，不断提升用气规模。

天然气热值计量体系加快开展基础准备，不断取得阶段性进展。近年来，随着中国经济的发展和环境保护的日益严格，天然气消费规模、进口规模、非常规天然气规模越来越大，能量计量计价与体积计量计价销售之间的矛盾越来越突出。为减少贸易计量纠纷，保障油气基础设施向第三方公平开放，2019 年 5 月国家发改委等四部门联合发布的《油气管网设施公平开放监管办法》规定，推行天然气能量计量计价，2021 年 5 月前建立天然气能量计量计价体系。2020 年 4 月，国家市场监督管理总局计量司发布的“2020 年全国计量工作要点”中，明确提出要尽快完善天然气能量计量技术规范和要求，为天然气计价方式改革提供计量支撑和保障。

“十三五”期间油气体制改革大事记

2015年07月	上海石油天然气交易中心投入试运行，该交易中心股东为新华社、中国石油、中国石化、中国海油、申能等10家单位，注册资本金10亿元。
2016年11月	国家级油气现货交易平台——上海石油天然气交易中心正式投入运行。
2016年10月	国家发展改革委印发《关于明确储气设施相关价格政策的通知》，鼓励投资建设储气设施，增强天然气供应保障能力。
2017年05月	中共中央、国务院印发《关于深化石油天然气体制改革的若干意见》，明确了深化石油天然气体制改革的指导思想、基本原则、总体思路，部署了八个方面的重点改革任务。
2017年06月	国家发展改革委印发《关于加强配气价格监管的指导意见》，加强城镇燃气配送环节价格监管。
2017年02月	中共中央办公厅、国务院办公厅印发《矿业权出让制度改革方案》，用3年左右时间建成“竞争出让更加全面，有偿使用更加完善，事权划分更加合理，监管服务更加到位”的矿业权出让制度。
2017年05月	中共中央、国务院印发《关于深化石油天然气体制改革的若干意见》，此为“十三五”油气行业体制改革的纲领性文件，国家后续又出台多项政策细化改革举措。
2018年05月	国家能源局启动油气管网设施公平开放信息公开和信息报送专项督查。
2018年05月	国家发展改革委印发《关于理顺居民用气门站价格的通知》，理顺居民用气门站价格，推动实现居民用气与非居民用气价格并轨。
2018年09月	国务院印发《关于促进天然气协调稳定发展的若干意见》，细化矿业权转让规则，并提出建立完善油气地质资料公开和共享机制。
2019年06月	国家发展改革委等四部门联合印发了《油气管网设施公平开放监管办法》。
2019年12月	自然资源部印发《关于推进矿产资源管理改革若干事项的意见(试行)》，明确“探采合一”制度细则。
2019年12月	国家管网公司正式挂牌成立，是深化油气体制改革的重要里程碑。
2020年01月	自然资源部宣布，我国全面开放油气勘查开采市场，允许民企、外资企业等社会各界资本进入油气上游领域。
2020年04月	国家能源局发布《关于做好油气管网设施剩余能力测算相关工作的通知（征求意见稿）》，细化了管网设施剩余能力测算原则和程序等内容。
2020年09月	国家管网公司完成油气管网资产交割，正式接收“三桶油”旗下主要管道、储气库和接收站资产，结束了几十年来我国油气管道建设运营由“三桶油”掌控并各自为政的历史局面，成为油气体制市场化改革中的标志性事件和转折点。

5.4

电力体制改革进展

5.4.1 现货市场建设成为电力市场建设“主旋律”

市场主体范围和交易规模不断扩大。2020 年，全国完成市场化交易电量 2.97 万亿千瓦时，同比增长 9.6%，占全社会用电量 39.6%，为电力用户释放红利约 980 亿元。其中，国家电网公司经营区域内市场化交易电量为 23152 亿千瓦时，南方电网公司经营区域内市场化交易电量为 5035 亿千瓦时；跨省跨区市场化交易电量约为 5545 亿千瓦时。

电力现货试点地区全部完成长周期结算试运行。南方（以广东起步）、蒙西、浙江、山西、山东、福建、四川、甘肃第一批 8 个现货市场试点，已在 2020 年全部完成长周期结算试运行。2020 年期间，8 个试点陆续完成了月度及以上的长周期结算试运行，标志着我国现货市场建设取得了重要的阶段性成果，为试点地区现货市场正式运行以及其他省份现货市场建设提供了重要的实践依据。

中长期市场交易机制和品种不断完善。中长期交易周期多样化，当前已经形成了“年度交易为主、月度交易为辅，逐步引入日前市场”的市场模式。部分省份根据本省自身电力供需形势和市场交易情况，设计并实施了相应的市场交易品种，旨在达到充分调动主体市场交易积极性和新能源消纳等目标。

5.4.2 进一步推进电力交易机构独立规范运行

为构建主体多元、竞争有序的电力交易格局，进一步完善公开透明的电力市场交易平台，2020 年国家发展改革委、国家能源局印发了《关于推进电力交易机构独立规范运行的实施意见》（发改体改〔2020〕234 号），进一步厘清交易机构、市场管理委员会和调度机构的职能定位，完善电力交易规则制定程序，加快推进交易机构股份制改造，规范交易机构的人员、资产和财务管理，更好地发挥市场化交易对资源优化配置的决定性作用。截至 2020 年底，全国有 33 家交易机构进行股权调整。

5.4.3 增量配电业务改革平稳推进

继 2019 年 10 月国家发展改革委、国家能源局印发《关于请报送第五批增量配电业务改革试点项目的通知》（发改办运行〔2019〕1004 号），开展第五批增量配电业务改革试点工作之后，2020 年 8 月确定 79 个项目纳入第五批试点，进一步将试点向县域延伸。截至 2020 年底，增量配电试点项目共计 459 个（不含 24 个取消试点项目），第一批试点项目 94 个，第二批试点项目 88 个，第三批试点项目 114 个，第四批试点项目 84 个，第五批试点项目 79 个。

5.4.4 售电市场发展进入新阶段

1 售电公司数量趋于平稳

截至 2020 年底，全国已在各电力交易中心公示注册的售电公司共计约 4600 家。山西、山东、江苏、安徽、河南、四川、广东等省份的注册公司数量已经超过 200 家。其中，广东、山东作为售电侧活跃省份，分别以 848 家和 434 家注册售电公司居于全国前列。

2 现货市场环境下售电公司“转型”成为必然

随着“现货 + 中长期”电力市场体系的建设，通过发电企业让利形成的“价差传导”模式将逐渐消失，售电公司需要通过优化代理用户结构以及现货与中长期市场参与策略等专业化经营策略来保证盈利空间、降低经营风险。因此，从“营销导向”向“技术导向”的转型是售电公司当前阶段发展的必然趋势，售电市场也将完成从“蓝海”向“红海”的转变。

5.4.5 输配电价体系进一步完善

为贯彻落实中共中央、国务院关于进一步深化电力体制改革和价格机制改革的决策部署，持续推进电价改革，进一步降低社会用电成本，2020 年 1 月，国家发展改革委修订出台了《区域电网输电价格定价办法》（发改价格规〔2020〕100 号）和《省级电网输配电价定价办法》（发改价格规〔2020〕101 号），2020 年 9 月，在严格成本监审的基础上，制定出台了区域电网第二监管周期输电价和省级电网第二监管周期输配电价，印发《关于核定 2020~2022 年区域电网输电价格的通知》（发改价格规〔2020〕1441 号）和《关于核定 2020~2022 年省级电网输配电价的通知》（发改价格规〔2020〕1508 号），标志着我国输配电价监管体系基本完善。

① 输配电价定价机制进一步完善

《区域电网输电价格定价办法》和《省级电网输配电价定价办法》的修订出台，有利于科学核定电网输配电价，为进一步深化输配电价改革、扩大电力市场化交易奠定基础；有利于促进电网企业加强内部管理、降本增效，为降低实体经济用电成本创造条件；有利于改进政府对电网企业的价格监管，进一步提升输配电价核定的制度化、规范化水平，标志着我国输配电价监管政策体系框架的初步完善。

② 核定区域电网和省级电网第二监管周期输配电价

2020 年 9 月，国家发展改革委在完善定价制度、严格成本监审的基础上，核定了第二监管周期 5 个区域电网输电价格和各省级电网输配电价，印发了《关于核定 2020~2022 年区域电网输电价格的通知》和《关于核定 2020~2022 年省级电网输配电价的通知》，进一步优化了输配电价格结构，降低了输配电价格水平，为促进清洁能源消纳和在更大范围优化配置电力资源创造了有利条件。

“十三五”期间电力体制改革大事记

2015年03月	中共中央、国务院印发《关于进一步深化电力体制改革的若干意见》，启动新一轮电改。
2015年11月	国家发改委、国家能源局印发6个电力体制改革配套文件，包括《关于推进输配电价改革的实施意见》《关于推进电力市场建设的实施意见》《关于电力交易机构组建和规范运行的实施意见》《关于有序放开发用电计划的实施意见》《关于推进售电侧改革的实施意见》《关于加强和规范燃煤自备电厂监督管理的指导意见》，进一步明确了电力体制改革的实施方法。
2016年11月	出台《电力发展“十三五”规划》，给出了电改的明确时间表。
2017年12月	除西藏外全部省（区、市）完成省级电网输配电价成本监审并发布输配电价核定水平。
2018年07月	出台《关于积极推进电力市场化交易进一步完善交易机制的通知》，支持电力用户与水电、风电、太阳能发电、核电能清洁能源发电企业开展市场化交易。
2018年08月	南方（以广东起步）电力现货市场正式启动试运行。
2018年12月	甘肃、山西电力现货市场正式启动试运行。
2019年01月	出台《关于积极推进风电、光伏发电无补贴平价上网有关工作的通知》，明确了优化平价上网项目和低价上网项目投资环境、保障优先发电和全额保障性收购、鼓励平价上网项目和低价上网项目通过绿证交易获得合理收益补偿、降低就近直接交易的输配电价及收费等8项鼓励支持政策，同时要求电网企业认真落实接网工程建设责任。
2019年06月	出台《关于全面放开经营性电力用户发用电计划的通知》，明确全面放开经营性电力用户发用电计划，支持中小用户参与市场交易，健全全面放开经营性发用电计划后的价格形成机制。
2020年08月	印发《关于开展跨省跨区电力交易与市场秩序专项监管工作的通知》，提出将重点关注跨省跨区主要输电通道利用率和平均负荷率、特高压线路输送清洁能源情况、清洁能源与火电送出比例等。

5.5 电力体制改革展望

5.5.1 电力市场建设展望

2021 年，电力市场建设将进一步深化，市场结构进一步完善，中长期与现货有效衔接的市场体系基本成型。发用电计划进一步放开，发电侧和用电侧放开规模有效匹配。中长期交易规则进一步完善，电力现货市场建设稳步推进，辅助服务市场机制进一步完善。

第一批电力现货试点地区将开展季度及更长周期的结算试运行，具备条件的其他地区有望启动试运行，现货市场建设向纵深发展；中长期市场将逐步发挥规避风险方面的作用，与现货市场的衔接机制也将逐步完善。与此同时，省间与省内市场衔接、可再生能源参与市场、不平衡资金及其疏导、电源容量补贴机制缺失、现货价格未有效传导至用户侧等问题将有望破冰。

电力体制改革和电力市场发展规划将越来越引起重视，专业化的市场监管评估手段有望投入运行，独立客观公正的第三方评估机构逐步发展壮大，市场主体信用体系初步确立。

电力市场信息披露工作将进一步规范，信息披露的方式、内容、范围更加明确，市场运营的透明性进一步提高，有助于解决信息不对称问题，维护市场主体合法权益，创造公平公正的市场环境，有效发挥市场机制作用。

5.5.2 电力交易机构展望

预计 2021 年，电力交易机构运行独立化基本完成，各省级电力交易中心将完成股份制改造，单一市场主体的股权占比将不高于 50%，多元制衡的股权结构基本确立。电力交易机构运行规范化进一步加强，确实提升市场管理委员会的作用，理清调度机构与交易机构的职能划分，规范交易机构的人员、资产和财务管理。强化交易机构监管，实现交易机构运行评估常态化，保证交易机构运行的独立性和规范性。

5.5.3 增量配电业务改革展望

增量配电业务改革将持续推进，试点项目加快落地实施。增量配电业务改革试点项目将继续向县域延伸，增量配电项目申报和批复常态化。建立完善增量配电网行业标准体系，指导试点项目规划设计工作。在总结前五批增量配电业务改革试点项目经验教训的基础上，研究采用信息化手段开展试点进展定期上报、推进情况汇总分析、申报项目遴选评估等工作，推动试点项目的建设落地。

5.5.4 电网企业竞争性业务改革展望

电网企业进一步聚焦主业，清晰界定电网企业竞争性业务和垄断性业务，剥离装备制造业，有序放开设计、施工业务。研究建立电网企业参与综合能源服务等新型竞争性业务的监管机制。建立电网企业竞争性业务监管清单，实施清单管理、动态调整。建立电网企业聚焦主责主业督促机制和报告制度。采用剥离、转股和退出等方式，推进电网企业装备制造业分离。推进电网企业分阶段退出勘测设计业务。推进电网企业逐步放开电力施工业务，提升电力施工市场活力。

06

国际合作篇

INTERNATIONAL COOPERATION

“十三五”期间，我国能源国际合作积极推进，以“一带一路”能源合作为重点，能源领域多元化开放合作深入拓展。重点项目合作不断深化，与周边国家油气、电力等基础设施互联互通不断强化。核电、特高压输电、水电、新能源“走出去”步伐加快，控股或参股十几个国家和地区境外输配电资产。深度参与全球能源治理，成功举办两届中俄能源商务论坛、首届“一带一路”能源部长会议、G20能源部长会议、国际能源变革论坛等重要活动，与29个国家发起成立“一带一路”能源合作伙伴关系。

2020 年，我国在国际能源舞台的话语权和影响力进一步提升，成功举办中国 - 欧佩克非正式视频圆桌对话会、第九次中欧能源对话、第二届“一带一路”能源合作伙伴关系论坛等会议。能源领域国际合作持续推进，油气、煤电、水电、核电、风电、光伏、储能等领域多点开花。

6.1

国际能源治理

召开二十国集团能源部长特别视频会议。2020 年 4 月 10 日，二十国集团能源部长特别视频会议召开，本次会议由今年二十国集团主席国沙特阿拉伯王国主办。中国国家能源局局长章建华出席会议并发言。会议最终通过了《二十国集团能源部长声明》。来自二十国集团成员国、嘉宾国能源主管部门和国际能源组织共约 30 位代表出席会议。

召开中国 - 欧佩克非正式视频圆桌对话会。2020 年 5 月 14 日，中国国家能源局局长章建华与欧佩克秘书长穆罕默德•萨努西•巴尔金都共同主持召开中国 - 欧佩克非正式视频圆桌对话会并进行了“里程碑”式的讨论，中国常驻维也纳联合国和其他国际组织代表团常驻代表王群大使参加了会议。会议就新冠肺炎疫情流行对全球经济和石油市场的影响、全球石油供需再平衡、疫情对中国石油市场的影响和中国的应对措施、优化油气贸易体系等进行了交流，就共同维护能源市场稳定和能源安全、欧佩克与中国加强合作、支持和推动国际多边主义和全球化趋势等达成共识。

举行第九次中欧能源对话。2020 年 6 月 22 日，中国国家能源局局长章建华在北京通过视频形式与欧盟能源委员西姆森共同主持召开第九次中欧能源对话。中方表示，中国与欧盟作为全球重要的经济体与能源消费市场，努力抗击疫情，推动复工复产，推进能源转型，共同为稳定全球能源市场、保障能源安全作出了重要贡献。中方愿同欧方在《关于落实中欧能源合作的联合声明》等合作文件的指引下，进一步加强交流，深化合作，推动中欧能源合作迈上新台阶。对话期间，双方就清洁能源与绿色发展、能源安全和全球能源市场、电力市场改革与监管、能源技术与创新合作等议题深入交换意见，听取了中欧能源合作平台第一年工作进展报告，并就下一步合作重点和方向达成共识。

召开中欧能源技术创新合作论坛。2020 年 10 月 28 日，由电力规划设计总院主办的中欧能源技术创新合作论坛在北京召开。国家能源局副局长林山青、中国能源建设集团副总经理于刚、中国欧盟商会主席伍德克、欧洲联盟驻华代表团能源参赞傅维恩出席论坛并致辞，法国驻华使馆参赞迪富尔、德国驻华使馆参赞卫兰、意大利驻华使馆参赞波蒂、丹麦驻华使馆参赞厄兹通茨、北马其顿共和国驻华使馆参赞安德福斯卡、马耳他驻华使馆参赞阿佐帕尔迪等出席论坛。会上就稳定发展中欧全面战略伙伴关系、共同应对全球性挑战、推动中欧关系迈向更高水平、开展能源技术创新合作等达成了共识，将有效促进中欧双方之间的交流与对接，为下一步开展务实合作奠定重要基础。

召开中芬智慧能源论坛。2020 年 10 月、11 月，中芬智慧能源论坛分别在杭州、南京召开。中芬智慧能源论坛是为落实《关于中芬能源领域合作的谅解备忘录》，由中芬能源合作平台组织的系列活动之一，旨在推动中芬企业间能源技术交流和全面合作。会上，双方企业分析了智慧能源技术的研发情况，并围绕海上风电、储能、虚拟电厂、智慧能源等技术进行了对接。

召开第二届“一带一路”能源合作伙伴关系论坛。2020 年 12 月 3 日，由中国国家能源局主办、电力规划设计总院承办的第二届“一带一路”能源合作伙伴关系论坛在北京召开。本届论坛以“绿色能源投资推动经济包容性复苏”为主题，聚焦疫情后全球能源转型与绿色发展，旨在推动“一带一路”国家经济包容性复苏，实现可持续发展目标。中国国家能源局副局长林山青、阿尔及利亚驻华大使艾哈桑·布哈利法、马耳他驻华大使卓嘉鹰、中国能源建设集团副总经理于刚出席论坛并致辞。

6.2
能源领域国际合作

6.2.1 油气领域

2020年以来，史无前例的疫情导致主要资源国采取更加激进或极端的政策，而大国博弈和重点油气生产国、出口国的“非理性”做法致使全球油气市场的投资风险骤增。另外，全球能源地缘政治动荡有增无减，能源转型的速度大大超过预期。

截至2020年底，中国石油企业已在全球50多个国家投资运营管理着200个油气合作项目，形成了2亿吨左右的油气权益产量当量，油气合作主要集中在中东、中亚、非洲和拉美这四个重点地区。

2020年，我国按照市场化原则推动落实中美第一阶段经贸协议。协议文本包括序言、知识产权、技术转让、食品和农产品、金融服务、汇率和透明度、扩大贸易、双边评估和争端解决、最终条款九个章节。双方达成一致，美方将履行分阶段取消对华产品加征关税的相关承诺，实现加征关税由升到降的转变。

6.2.2 电力领域

印尼爪哇 7 号燃煤发电项目全面建成。2020 年 8 月，国家能源集团国华印尼爪哇 7 号 2×1050MW 燃煤发电工程 2 号机组首次顺利并入印尼爪哇巴厘电网，标志着项目全面建成。该项目是中国出口海外的首台百万机组，也是目前印尼单机容量最大的发电机组，集合了中国成熟和先进的燃煤发电技术。项目采用 BOOT 模式，由国家能源集团所属中国神华与印尼国家电力公司共同组建神华国华（印尼）爪哇发电有限公司，负责项目的开发、建设和运营。机组并网期间各项主要经济技术指标达到或优于设计值，主要环保指标均优于印尼当地排放标准。

葛洲坝集团签约尼日尔坎大吉水电项目。2020 年 9 月，葛洲坝集团签署坎大吉水电站项目机电标合同，合同金额约 1.13 亿美元，项目由世界银行和法国开发署共同融资。此次签订的机电标合同主要包括 4 台单机 3.25 万千瓦卡普兰水轮机组的设计、供货、安装以及外输升压站基础等相关配套设施的建设。

几内亚最大容量水电站首台机组成功投产发电。2020 年 11 月，几内亚苏阿皮蒂项目首台机组顺利完成 72 小时试运行，正式投产发电。苏阿皮蒂水利枢纽工程由三峡集团中水电公司总承包，水电三局承建施工。该枢纽电站总库容 74.89 亿立方米，装机容量 450 兆瓦，年发电量 20.16 亿千瓦时，混凝土浇筑总量约 360 万立方米，大坝坝轴线总长 1164 米，最大坝高 120 米，是孔库雷河流域梯级开发中最大水电站，也是几内亚装机容量最大的水电站。

华龙一号海外首堆开始装料。2020 年 11 月，华龙一号海外首堆巴基斯坦卡拉奇核电工程 2 号机组（K 一 2）正式开始装料，标志着该机组进入带核调试阶段，为后续临界、并网发电奠定坚实基础。这是中国自主三代核电华龙一号海外建设取得的重大里程碑，也是双方巩固深化中巴全天候战略合作伙伴关系、推进中巴核能合作的重要成果，将增强华龙一号在“一带一路”沿线国家的影响力和竞争力。K 一 2、K 一 3 机组电功率约为 110 万千瓦，每台机组建成后年发电量近百亿千瓦时，将为巴基斯坦人民带来安全清洁能源。项目的建设还带动了巴基斯坦相关产业发展，为巴方提供了一万余个就业岗位。

中企投资建设中亚最大风电项目首批风机并网。2020 年 9 月，由国家电投中国电力国际公司投资建设的哈萨克斯坦札纳塔斯 100MW 风电项目首批风机并网，标志着这一中亚地区装机容量最大的风电项目正式送出绿色电力。札纳塔斯风电项目位于哈萨克斯坦江布尔州萨雷苏区札纳塔斯市南 9 公里。项目总投资约 1.6 亿美元，规划建设 40 台 2.5MW 智能风电机组。项目于 2020 年 7 月正式开工建设，采用中国资本、中国技术和国际标准，是中哈产能合作清单首批重点能源项目之一。项目全容量投产后，每年可发电 3.5 亿度，将改写哈萨克斯坦南部地区缺电现状，为哈萨克斯坦能源体系实现“去碳化”发挥示范作用。

天富能源签署越南九龙区 56 万千瓦风电项目。2020 年 11 月，中企天富能源股份有限公司与日企 QueenCapitalFinance、Lee&Lee 股份有限公司联合签署了一份关于在缤智省合作开发两个总装机容量为 56 万千瓦的风电场项目的谅解备忘录。该风电项目将分两期开发，项目包括一个容量为 43 万千瓦的近海风电项目和一个 13 万千瓦陆上风电项目。项目投运后，预计每年生产 17 亿千瓦时的电力，为当地居民创造 200 多个就业机会。

葛洲坝签署越南最大海上风电项目。2020 年 11 月，葛洲坝与越南建设贸易股份公司签署了越南金瓯 1 号海上风电项目 EPC 合同。项目位于越南金瓯省南根县三江东社滩涂区域，总装机容量 35 万千瓦，共分为 A、B、C、D 四个风场，是目前越南最大的潮间带风电，同时也是越南最大的风电项目。

明阳智慧能源集团将于巴西建设南美首座海上风场。2020 年 10 月，明阳智慧能源集团宣布与巴西塞阿拉州的工业与港口综合公司签订了合作备忘录，将于 2022 年初建设南美地区第一座海上风电项目。塞阿拉州拥有 573 公里长的海岸线，是巴西最具海上风电开发潜力的区域，全州海上风电开发潜能可达 1.17 亿千瓦。

中集集团签署海上风电 EPC 合同。2020 年 10 月，中集集团来福士海洋工程有限公司近日与挪威 OIMWind 风电公司签署了全球最大的 BT-2201 海上风电安装船 EPC 开发合同，主要负责船体设计和建造工作。预计该船将于 2022 年底正式投入商用。

中电装备承建埃塞俄比亚光伏电站竣工。2020 年 10 月，由中国电力技术装备有限公司承建的埃塞俄比亚索马里州离网光伏电站正式竣工并投运。该项目预计年发电量为 142 万千瓦时，将为当地 2000 多户居民提供清洁电力能源，并提高当地居民用电的稳定性和可靠性。

巴基斯坦默拉直流输电工程全线贯通。2020 年 10 月，中巴经济走廊重点合作项目巴基斯坦默蒂亚里—拉合尔 ±660 千伏直流输电项目输电工程全线贯通。默拉直流项目是巴基斯坦首个直流输电工程，是巴基斯坦目前电压等级最高、输电线路最长的项目，是国家电网公司在国际上首个具有完全自主知识产权的 ±660 千伏直流项目，也是中巴经济走廊能源合作协议中唯一的电网项目。项目投运后，将有力缓解巴基斯坦最重要的经济中心旁遮普省和首都伊斯兰堡地区的电力短缺状况，极大地促进巴基斯坦经济发展，提高人民生活水平，对深化中巴经济走廊建设、推进中巴能源合作具有重要意义。

中老签署老挝国家输电网公司股东协议。2020 年 9 月，中国南方电网公司与老挝国家电力公司在老挝首都万象签署股东协议，由中国南方电网公司和老挝国家电力公司共同出资组建老挝国家输电网公司（EDL 一 T），标志着中老两国在输电网领域合作迈出实质性步伐。根据协议，EDL 一 T 将加快投资建设覆盖老挝全国的一体化骨干输电网，为老挝提供安全、稳定、高效和可持续的输电服务，同时加强老挝与周边国家的电网互联互通，促进老挝水能资源优势转化为经济优势，助力老挝打造“东南亚清洁能源蓄电池”。

与土耳其合作光伏产业园正式落成。2020 年 8 月，中国中电科电子装备集团有限公司和土耳其 Kalyon 公司合作建设的土耳其光伏产业园正式落成，土耳其总统埃尔多安、国库与财政部长阿尔巴伊拉克、能源部长登梅兹等出席落成典礼。该项目是土耳其第一个也是唯一的光伏全产业链项目，标志着土耳其拥有了完全自主的光伏生产线。中方提供涵盖拉晶、切片、电池、组件的 500MW 光伏全产业链交钥匙工程以及配套的工艺技术、人员培训等。

6.2.3 储能领域

葛洲坝集团签约尼日尔阿加德兹柴光互补储能电站项目。2020 年 7 月，中国能建葛洲坝集团与尼日尔国家电力公司签署尼日尔阿加德兹柴光互补储能电站现汇项目商务合同。该项目位于尼日尔阿加德兹大区提米亚、迪尔库和比尔玛等 5 座城镇，未来将拓展至 17 座城镇，工程内容包括 2876 千瓦光伏发电系统和 4345 千瓦时的储能系统以及相关附属设施的设计、供货和安装。该项目由世界银行融资，为尼日尔乡村电气化框架项目之一。建成后，将改变上述城镇无电现状，提高清洁能源利用率，助力沙漠地区减贫。

华能英国门迪储能项目进入冷调试阶段。2020 年 8 月，由中国华能控股开发的欧洲最大储能项目——英国门迪电池储能项目开始冷态调试，标志着项目进入最后攻坚阶段。门迪项目是中国电力企业首次在发达国家建设的储能项目，由中国华能与国新国际共同出资，华能香港公司运营管理。项目位于英国威尔特郡门迪镇附近，规划装机容量 99.8 兆瓦，主要设备由中国企业制造和集成，采用磷酸铁锂和三元锂电池技术，国产率超过 80%。

6.3 国际合作“十四五”展望

“十四五”期间应继续深化国际能源合作，着眼全球拓宽能源领域合作渠道。在立足国内前提下，着眼国内国际双循环相互促进，在能源生产、消费领域加强国际合作，增强开放条件下的保障能力，确保“买得到”“运得回”。以“一带一路”为重点，深化重大项目合作，建设一批长期可靠、安全稳定的海外能源基地。深度参与全球能源治理，加强与国际能源组织合作，发挥能源市场战略买家力量，增强与我国油气消费能力相匹配的定价权和话语权，提高全球配置资源能力。

“十四五”期间，中国能源企业的海外经营与管理仍然面临较大不确定性。建议一是注重防控风险，“十四五”期间要把防范重大社会安全风险、重大地缘政治风险、资源国重大政策风险以及恐怖主义袭击作为企业海外风险管理的重中之重。梳理“海外利益保护”的理念，按照国际惯例和风险管理的最佳实践，建立健全中国企业在上述四大合作区的风险防控体系，特别是预警与应急体系和后台决策指挥体系，确保不发生重大人身安全风险。

二是注重机会获取。随着国际油价的回升，以及疫情逐步好转，加之各国陆续出台经济刺激和吸引外资的政策，未来两年至三年将是中国石油企业进一步开拓海外油气市场、深化现有海外资产组合管理的机会窗口。要抓住机遇，加大对海上项目、天然气及 LNG 项目、陆上大型成熟油气资产，以及风险勘探项目的评价和获取力度，同时积极参与重点地区、重点国家的新能源和非化石能源开发项目，推动绿色低碳发展，并借此为中国倡导的“双循环”发展格局注入新动能。

07

行动展望篇

INSIGHTS

2021 年是“十四五”规划开局之年，“十四五”时期是碳达峰的关键期、窗口期，能源发展也将进入新的阶段。“十四五”期间，应有序压减化石能源消费，加大清洁能源利用，加强系统安全性、稳定性、灵活性保障，推进能源节约和替代。

7.1 “十四五”能源发展形势展望

7.1.1 能源需求持续增长，“双控”约束趋紧

国际形势发生深刻变化，我国经济持续稳定增长。当前世界正处于百年未有之大变局，我国发展外部环境中不确定性因素明显增多。全球能源供需基本面总体宽松，国际能源竞争焦点由资源向定价权、货币结算权、创新变革主导权扩展。随着我国进入高质量发展新阶段，以国内大循环为主体、国内国际双循环相互促进的新发展格局加快构建，国民经济将保持稳定增长，预计“十四五”期间经济增速在 5% 左右，在全球主要经济体中处于领先水平。

能源需求持续增长。“十四五”时期我国仍处于工业化发展中后期，国家继续推进长三角一体化、一带一路、长江经济带、中部崛起、黄河流域高质量发展战略，带动“两新一重”（新型基础设施建设、新型城镇化建设和重大工程建设）保持快速发展，随着新型城镇化进程的推进和居民生活水平的提高，能源需求将保持刚性增长，2025 年增长到 55 亿吨标准煤～ 56 亿吨标准煤，“十四五”期间年均增长 2.0% ～ 2.4%，低于“十三五”期间 2.8% 的年均增速。

电力需求稳定增长。双循环新发展格局下，国内需求和外贸需求的双重增长拉动电力需求持续增长，同时能源清洁化转型趋势下清洁电力需求和电能替代量也将拉动用电量持续上升。预计“十四五”期间我国用电量将保持增长，增速有一定程度的下降，“十四五”末人均用电量达到 6500 千瓦时以上。

能耗“双控”要求趋紧。能源消费总量和强度“双控”制度是落实绿色发展理念的重要举措，能够有效鼓励节能和提高能效，保障合理用能、限制过度用能，倒逼经济发展方式转变，促进产业结构不断优化升级，加快形成资源节约、环境友好的生产方式和消费模式，以尽可能少的能源消耗支撑经济社会持续健康发展。《中华人民共和国国民经济和社会发展第十四个五年规划和 2035 年远景目标纲要》制定“十四五”期间发展目标为：单位国内生产总值能耗降低 13.5%。在满足国民经济健康发展的前提下，兼顾能耗“双控”目标，为能源发展提出了更高的要求。

7.1.2 低碳化转型要求持续增强

“双碳”目标成为能源工作重点。自2020年9月22日在第七十五届联合国大会一般性辩论上发表讲话以来，习近平主席已连续七次在重大国际场合就“中国力争于2030年前二氧化碳排放达到峰值、2060年前实现碳中和”发表重要讲话。2021年3月，习近平主席主持中央财经9次会议并发表重要讲话，强调实现碳达峰、碳中和是一场广泛而深刻的经济社会系统性变革，要把碳达峰、碳中和纳入生态文明建设整体布局，拿出抓铁有痕的劲头，如期实现2030年前碳达峰、2060年前碳中和的目标。2021年4月，习近平主席在“领导人气候峰会”上发表《共同构建人与自然生命共同体》讲话，讲话中强调，中方宣布力争2030年前实现碳达峰、2060年前实现碳中和，是基于推动构建人类命运共同体和实现可持续发展作出的重大战略决策，需要中方付出艰苦努力。中国正在制定碳达峰行动计划，广泛深入开展碳达峰行动，支持有条件的地方和重点行业、重点企业率先达峰。“双碳”目标已成为全国能源工作的重要任务。

能源结构低碳化转型任务迫切。在“双碳”目标下，能源结构转型面临空前压力。习主席宣布，我国二氧化碳排放力争于 2030 年前达到峰值，到 2030 年，中国单位国内生产总值二氧化碳排放将比 2005 年下降 65% 以上，非化石能源占一次能源消费比重将达到 25% 左右，风电、太阳能发电总装机容量将达到 12 亿千瓦以上。经初步测算，上述发展目标中“单位国内生产总值二氧化碳排放将比 2005 年下降 65% 以上”，对化石能源发展的约束力度最强，意味着 2025 年我国二氧化碳排放强度应降至约 1.3 吨二氧化碳 / 万元（2005 年价格，下同），2030 年应降至约 1.0 吨二氧化碳 / 万元。

7.1.3 能源安全保障重要性日益凸显

油气安全供应短板依然突出。一是油气对外依存度高、进口集中度大。我国已成为全球最大的油气进口国，2020 年原油净进口量达 5.4 亿吨，对外依存度近 74%；天然气进口量 1400 亿立方米，对外依存度 44%。原油进口集中度仍然偏高，海上进口原油占比超过 80%，且线路单一、运程较远；LNG 进口超过 70% 来自三个国家。二是国内油气增产难度增大。陆上东部主力油田勘探已经进入中后期，发现规模储量难度增大；新增储量品位持续下降，大部分为低渗透 - 特低渗透储量。

能源供应区域性、时段性压力依然存在。我国能源还存在不平衡、不充分的问题，在部分地区，极端条件下电力、煤炭供应保障不确定性增加。“十四五”期间，随着新能源接入规模快速增加，电动汽车、数据中心等新兴负荷不断增长，电力峰谷差持续扩大，电力系统运行控制难度进一步加大。

网络安全和技术安全等新型风险日益突出。随着能源系统信息化、数字化程度不断提高，网络安全、信息安全风险等非传统安全风险已经成为影响能源安全的重要因素。我国电力系统、油气管网、炼化等领域的核心处理器、工业控制系统、软件等，尚未完全实现国产化替代，存在遭到外部网络渗透和攻击的风险。技术战、科技战日趋激烈，核心技术受制于人的风险不容忽视。

7.1.4 创新发展仍需加强

技术装备水平面临攻关。能源转型发展形势对能源智能化开发、新能源转化利用、能源高效传输、储存等技术装备提出了更高的要求，技术装备国产化率有待提升，核心技术研发水平需加快攻关。未来多变的国际形势下，技术装备受到西方国家联合打压遏制的风险依然存在，相关技术装备“断供”风险增大，倒逼我国加快构建自主可控的产业技术体系，确保国家安全和战略主动。

新技术示范应用有待推进。传统制造业加快更新换代，纳米材料技术、人工智能（AI）、工业物联网（IoT）、3D 打印等新技术不断涌现，带动产业布局加速调整、产业模式快速变革。新技术应用的成熟程度直接决定了我国在应用领域能否抢占先机，率先优化资源布局、更新产业链、占领市场。加快推进新技术示范应用，将成为我国在全球高新产业中占据战略高地的有力武器。

数字化智能化升级趋势加快。全球新一轮能源技术创新将进入活跃期，互联网、大数据、云计算等现代信息技术加快发展，特高压输电、智能电网、新能源发电、分布式微网等技术取得创新突破，信息技术与能源技术深度融合，带动能源生产消费模式向数字化、智能化转变。产业数字化将成为机械化、自动化之后又一次迭代升级，催生能源系统加速转型升级。

7.2 关于“十四五”能源发展的建议

7.2.1 坚守能源安全保障底线

加大国内油气勘探开发力度。“十四五”期间，我国面临的地缘政治形势更趋复杂，保障国家能源安全的风险超过以往。各油气生产企业应继续加大国内勘探开发力度，推进产能项目建设，坚守能源安全保障底线，稳定石油供应保障能力，确保 2025 年原油产量达到 2 亿吨左右。加快天然气增储上产，“十四五”末国产气量达到 2300 亿立方米以上。推进油气进口多元化。促进油气进口区域、国别、渠道、合作方式等多元化，分散潜在风险。增强油气储备能力。加快国家石油储备基地建设，鼓励石油商业储备。推动储气调峰设施建设，尽快形成“供气企业 10%、城燃企业 5%、地方政府 3 天”的储气能力。实施油气替代工程。坚持煤制油气技术储备和产能储备的战略定位，稳妥推进示范项目建设。推动生物液体燃料逐步实现规模化、商业化发展，大力推进交通运输等领域以电代油。

建设多轮驱动的能源安全体系。当前我国能源保供压力依然存在，时段性供应不平衡问题突出，应持续推进供给结构优化，提升供给质量，建设煤、油、气、核、可再生能源多轮驱动的多元供应体系。

发挥煤炭兜底保障作用。我国的资源禀赋决定了煤炭作为能源供应主体的地位短时期内不会改变。“十四五”期间，煤炭将继续发挥“压舱石”作用，预计产量将稳定在 41 亿吨左右，并保证一定的产能储备。

7.2.2 大力提升能源绿色低碳程度

“十四五”时期是碳达峰的关键期、窗口期，能源发展也将进入新的阶段。国家“十四五”规划和2035年远景目标纲要明确提出，“建设清洁低碳、安全高效的能源体系”，为我国能源发展指明了方向，我国能源生产和消费将加速向绿色低碳转型。

优化能源消费结构。我国当前能源消费结构中煤炭消费占比高达 56.8%，天然气、水电、核电、风电等清洁能源仅占 24.3%。“十四五”期间，应持续优化能源结构，加快推进煤炭消费比重进一步下降，稳步提升天然气和非化石能源消费比重。

预计“十四五”期间，煤炭消费比重将从 2020 年的 56.8% 下降至 2025 年的 51% 左右，天然气消费比重将从 8.5% 提高至 11% 左右，石油消费比重基本保持稳定，非化石能源消费比重将从 15.8% 提高至 20% 左右。

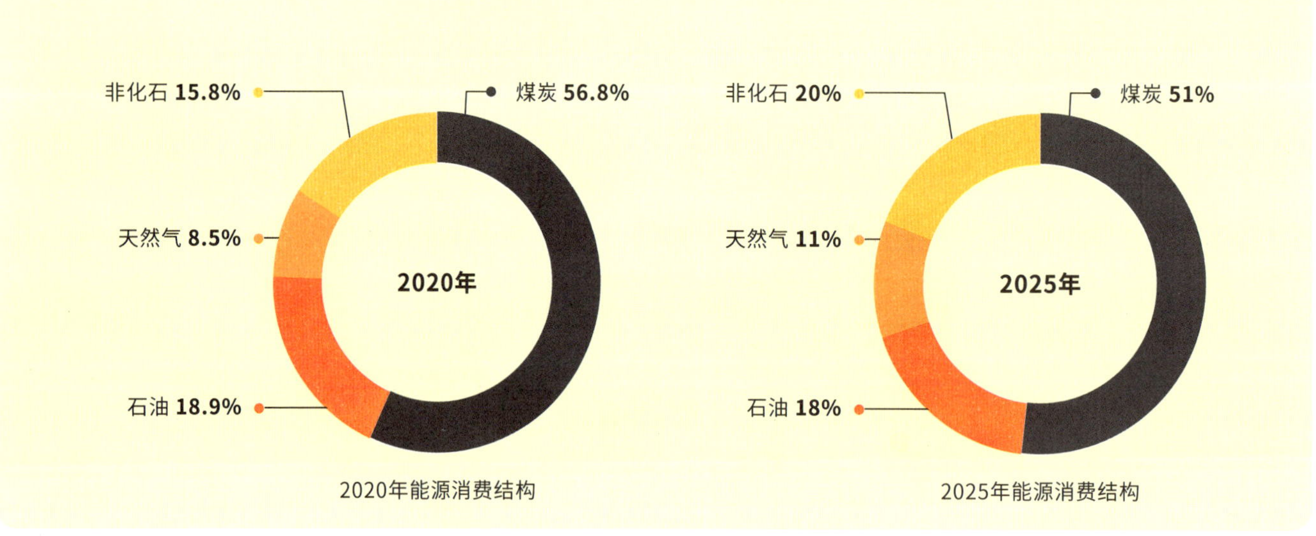

2020年能源消费结构

2025年能源消费结构

加快发展可再生能源。当前我国的能源生产结构中，煤炭占比高达67.7%，可再生能源仅占15%左右。为完成"双碳"目标，推动能源结构转型，应坚持目标导向，充分释放可再生能源消纳空间，调动投资主体积极性，加快推动风能、太阳能开发利用，有序推进水电开发建设，因地制宜推进生物质能、地热能综合利用，提高可再生能源利用效率。

根据《国家能源局关于2021年风电、光伏发电开发建设有关事项的通知》，2021年，全国风电、光伏发电发电量占全社会用电量的比重达到11%左右，后续逐年提高，确保2025年非化石能源消费占一次能源消费的比重达到20%左右。为完成以上目标，"十四五"末风电、光伏发电装机应达到10亿千瓦以上，常规水电装机达到约3.8亿千瓦。同时，为增强系统灵活调节能力，预计"十四五"期间抽水蓄能建设将迎来新高潮，新增装机规模有望超过3000万千瓦。

加大力度控制煤炭消费。控制并降低煤炭消费是我国履行碳减排承诺的重要举措之一。“十四五”期间，我国应继续严格控制煤炭消费占比和煤电供电煤耗两个约束性指标，抑制煤炭消费反弹，强化煤炭消费减量、替代和清洁高效利用。在空气污染严重的重点地区，应进一步强化煤控约束，摆脱高能耗、高污染、低效率的增长模式，落实高质量发展的核心要求。在重点高耗煤部门，应将“压增量、减存量”结合起来，实施有约束性的单位产品煤耗、电耗、水耗、污染物和二氧化碳排放标准，推动绿色低碳发展。在严格控制煤炭消费量的同时，应调整煤炭消费结构，继续提高电煤消费占比，优先压减非电行业煤炭消费，重点减少散烧煤，稳步推进煤改电、煤改气。

推进天然气消费稳步增长。天然气是清洁能源体系的重要组成部分，习主席在领导人气候峰会上强调中国“十四五”时期将严控煤炭消费增长，因此在条件适宜地区推行“煤改气”将是短期内解决能源供应问题的重要手段。在“双循环”新发展格局下，应保证工业用气和城市燃气的增长空间，因地制宜布局燃气电厂，推进天然气消费稳步增长，在我国能源清洁发展中发挥更大作用。

完善能源消费总量和强度“双控”制度。“十四五”期间，应进一步落实“双控”考核管理，严格控制能源消费强度，重点控制化石能源消费量，鼓励调整能源消费结构。应进一步推进产业结构优化，促进传统产业向绿色、高端转型升级，加快新兴产业发展。

7.2.3 加快构建以新能源为主体的新型电力系统

构建电力系统综合保障体系。新型电力系统的结构特征是绿色电源成为主体电源、新能源提供可靠电力支撑；形态特征是源网荷融合互动、“大电源大电网”与“分布式系统”兼容互补；技术特征是系统各环节全面数字化、调控体系高度智能化。新型电力系统还应“源网荷储”协同发力、适应大规模新能源发展的多元化综合保障体系。

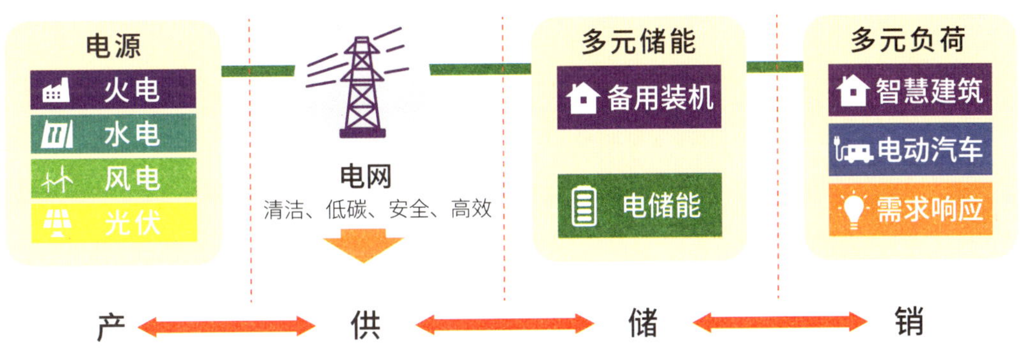

结合新基建开展电力系统数字化升级。“十四五”期间，重点开展电力系统各环节的全面数字化升级，过程中要着力实现数据的“横向集成、纵向打通”，充分发挥国家级电力大数据平台的开放性、公益性作用，充分发挥大数据在数字经济时代的生产要素价值。

开展新型电力系统重点示范工程建设。按照新型电力系统的规划设计理念、依托新型电力系统技术，开展体制机制创新和商业模式的先行先试，形成示范效应，逐步推广应用。“十四五”期间“以点促面”，推动新型电力系统构建探索起步。

推进“源网荷储一体化”。侧重于围绕负荷需求开展，通过优化整合本地源网荷资源要素，以储能等先进技术和体制机制创新为支撑，创新电力生产和消费模式，为构建源网荷储高度融合的新型电力系统探索发展路径。具体可分为“区域（省）级”“市（县）级”“园区级”等。

推进“风光水火储一体化”。侧重于电源开发，结合当地资源条件和能源特点，优先发展可再生能源，充分利用存量电源，合理配置储能，统筹各类电源的规划设计、建设运营，提高可再生能源消纳电量比重。可分为存量和增量两类以及“风光火（储）一体化”“风光水（储）一体化”“风光储一体化”三种模式。

7.2.4 优化能源开发布局

我国能源供需逆向分布特征明显。以胡焕庸线为界，东部能源消费量占全国的 71%，但能源生产量仅占 26%。2019 年北方和西南能源基地向中东部、东北地区净输送能源约 14 亿吨标准煤，约占受端能源消费总量的 40%。“十四五”期间，虽然分布式新能源、沿海核电、海上风电的发展有利于提高中东部地区能源自给能力，但远不能满足自身新增用能需求。应进一步优化能源发展布局，科学制定跨省区能源输送通道计划，推动能源资源在全国范围内优化配置。

大力发展西部清洁能源基地。“三北”地区土地资源丰富，风能、太阳能资源优良，宜重点布局陆上风电、集中式光伏基地，通过通道集中送出。青海、甘肃太阳能资源优越，可布局一定规模的光热发电。西南地区金沙江、澜沧江、大渡河、雅砻江流域水能资源优良，可布局大型水电基地。随着淘汰煤炭落后产能工作的进一步推进，应继续淘汰湖南、江西、重庆等南方部分省（市）落后煤炭产能，加快晋陕蒙新等煤炭主产区新增优质产能继续释放，推进煤炭生产重心向西部转移。大型煤电项目应重点布局在西北综合能源基地，以支撑新能源发展，形成风光水火储联合外送格局。

中东部地区加强分布式光伏、核电、海上风电布局。分布式光伏规模更小、布局更灵活，有利于就地消纳，可因地制宜布局于中东部负荷中心。加强核电选址规划，安全稳妥推进沿海核电建设。在东部沿海风资源条件好、技术装备水平高、电价承受能力较强的地区加强海上风电布局。

优化跨省区能源输送。加强规划统筹协调，优化能源资源省间流动。采取协调送受端、推进配套电源建设等措施，提高存量通道利用率。审慎布局新增跨省区输电通道，以晋、陕、蒙、甘、青、新等北方综合能源基地和藏东南地区为重点，有序推进一体化基地建设和外送。通过大型跨省区输电通道的布局，提高电力资源配置能力与质量，特别是推进西部、北部富集的可再生能源电量向中东部地区输送。

7.2.5 构建智慧能源系统

推进生产侧调节能力和智能化建设。加强新能源发电出力预测预警，推动风光水火储多能互补，加强系统调节能力建设，增强能源系统灵活性。推进能源生产供应全链条智能化，对生产运行的监测、管理和调度进行数字化管理。

发展终端智慧化综合能源系统和服务。面向不同用能需求，因地制宜推动分布式能源、能源微网发展。加强需求侧管理，提高供需互动水平，实现智慧高效用能。建设以智能电网为支撑、以智能终端和灵活交易为特征的先进生产消费区。以用户为中心，提供多元化能源服务产品，推动能源数字经济建设。

推动信息通信与能源技术加速融合。应用互联网、大数据、人工智能等先进信息通信技术，对煤、油、气、可再生能源和电热（冷）汽等各类能源的生产、运输、储存、消费和服务等全过程赋能，推动相关技术在能源领域落地。创新能源大数据平台应用，推动能源规划方法创新、运行方式创新、管理模式创新和商业业态创新。

7.2.6 推进储能技术示范应用

为保证高比例新能源并网消纳，提高能源结构中新能源的占比，需加大储能技术示范应用，形成源、网、荷、储协同消纳新能源的格局。

电源侧。重点依托新一代电网友好型“新能源 + 储能”电站、大规模综合能源外送基地、源网荷储一体化绿色供电等模式，促进可再生能源规模化开发和利用。通过储能与新能源配合，有效降低弃风弃光、提高新能源消纳利用水平，并且降低配套外送通道容量，提高输电通道的利用率。通过储能与常规煤电机组配合，实现快速响应、精确跟踪，显著提升调频质量，提高运行灵活性，同时降低设备磨损和运行风险，推动煤电安全、清洁、高效转型。

电网侧。重点在负荷增速快、电力供应保障问题突出以及偏远末端电网地区布局储能，全面提升电力系统灵活性、安全性、经济性，发挥储能延缓甚至替代输配电设施、提高供电质量、提升电力系统效率与效益的多重作用。

输电网侧储能	配电网侧储能
替代常规输变电建设投资	提升供电可靠性
保障系统安全稳定运行	提高电能质量
提供系统调峰调频服务	满足分布式电源及电动汽车接入
提供系统电力容量支撑	适应微电网等新业态发展

用户侧。重点将储能与分布式可再生能源发电、信息和智能控制技术相结合，满足用户电费管理、动态增容、需求响应等需求。

争取 2025 年，抽水蓄能装机达到 6000 万千瓦以上，新型储能装机达到 3000 万千瓦以上。

7.2.7 推动氢能产业发展

探索扩大氢能消费市场。氢能作为能源转型的重要形式，在发电、化工、燃料电池、军事、医学等领域具有广阔的应用前景。应加大氢能应用支持力度，多领域拓展氢能消费市场，加快推进可再生能源制氢。

① 化工企业

- 金属冶炼(催化剂)
- 合成氨、甲醇、煤制油、石油加氢精制等

② 氢燃料电池行业

- **便携领域：** 可移动装置（如辅助动力装置APU）、军用应用（便携士兵电源、撬装式燃料电池发电机等）、便携产品（手电、割草机）、小型个人电子（相机）、大型个人电子（笔记本电脑、打印机）
- **固定领域：** 发电站、楼宇、备用电源、热电联产、家庭住宅和商业的微型热电联产
- **运输领域：** 燃料电池汽车、燃料电池游船、列车

③ 氢能源发电

- 氢燃料轮机发电技术(日本:储氢罐、大型燃气涡轮机)
- 与液化天然气混烧
- 纯氢气燃烧
- 氢气储能

④ 军事领域

- 单兵作战动力电源
- 军用车(零噪音、红外热信号特征非常微弱)
- 潜艇电源、航空电源
- 小规模制氢应用、战略保障

⑤ 医学应用

- 氧气应用
- 臭氧应用
- 富氢水

⑥ 衍生行业

- 加氢站
- 氢能表计(考虑高原特殊性)
- 固态储氢
- 燃料电池制作
- 天然气管网加氢
- 氢能源电车
- 富氢水种植农作物

培育壮大氢能全产业链。打通氢能制、运、储、用全产业链，加大规模化绿电制氢、长距离运输、长时间储存、多场景应用的关键技术攻关，突破氢能产业链各环节壁垒，促进氢能大规模商业化应用。

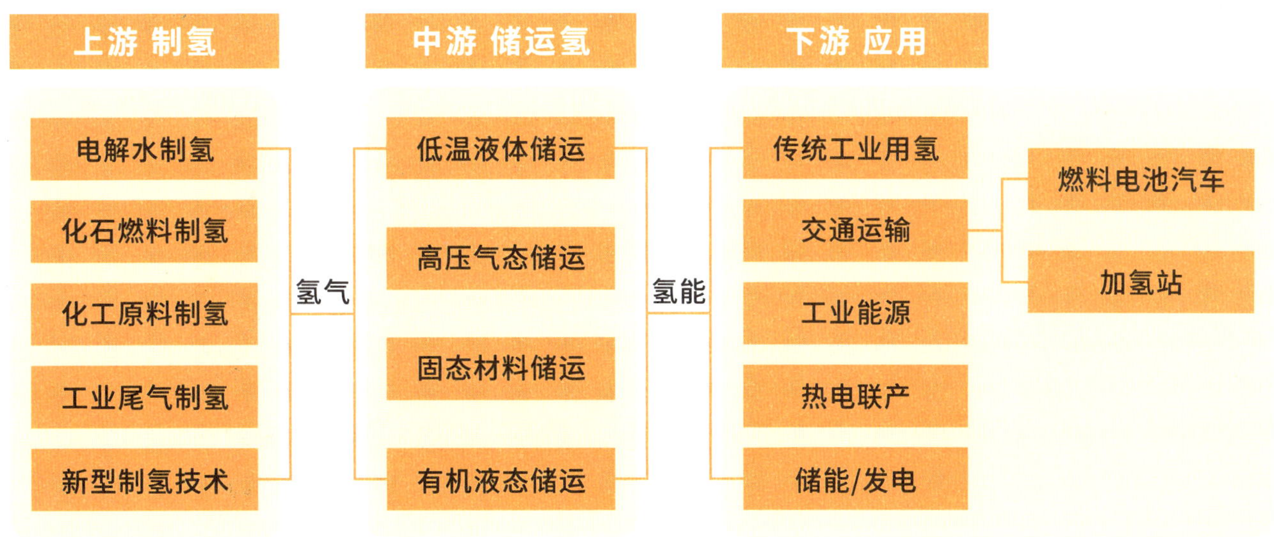

7.2.8 提高能源民生服务水平

扩大清洁取暖范围。因地制宜地稳步推进全国清洁取暖工作，北方地区清洁取暖改造范围进一步向边远地区和环境恶劣地区推进，改善居民取暖质量。鼓励南方地区实施清洁取暖，提高建筑物供暖比例，扩大供暖面积。

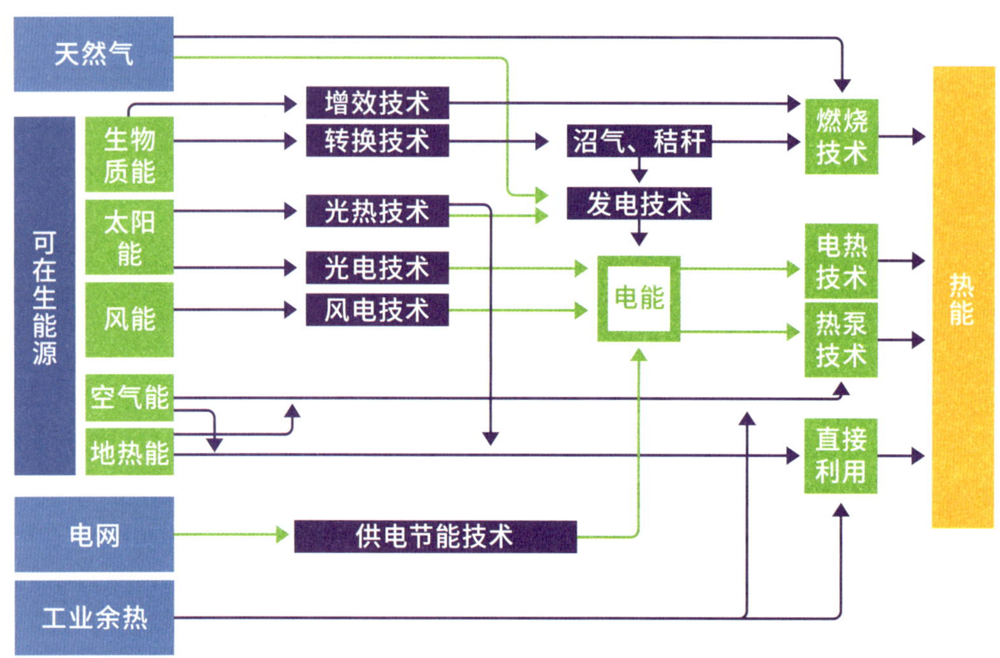

推动电动汽车及配套基础设施快速发展。截至 2020 年底，全国纯电动汽车保有量约 400 万辆，新能源汽车约 490 万辆，新能源汽车销量占汽车总销量的约 5%。“十四五”期间应全面优化电动汽车充电设施布局，增强充电网络互联互通能力，加快充电基础设施建设，争取“十四五”末电动汽车保有量达到 2500 万辆以上，新能源汽车销量占汽车总销量的 20% 左右。

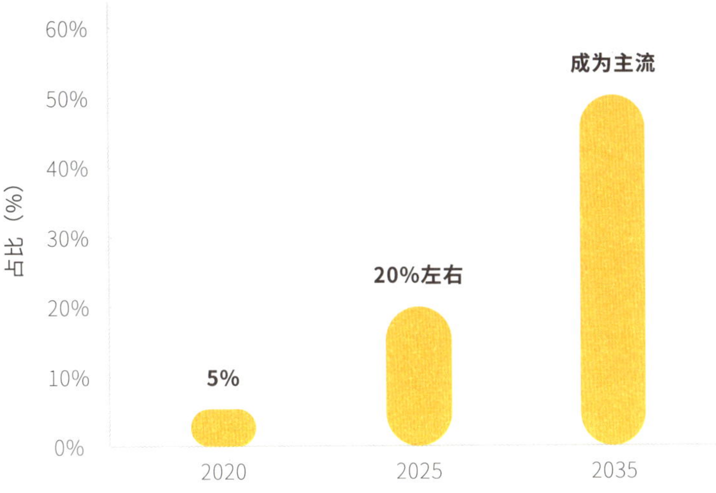

2020-2035年新能源汽车销量在总销量中的占比预测

开展民生综合能源服务。以满足社区用能为目标建设集中式能源站，开展供电、供暖、供冷、供气等综合能源服务，通过集约化管理提高能源效率，降低居民用能成本，并通过聚合管理为电力系统提供及时响应和辅助服务。

7.2.9 完善能源体制机制

建设全国用能权、碳排放权交易市场。推广实施用能权交易，完善用能权有偿使用和交易制度，发挥市场配置能源资源的决定性作用，推动能源要素向优质项目、企业、产业流动和聚集。建设碳排放权交易市场，完善碳排放配额分配、碳排放权交易以及碳排放报告与核查制度，推动实现社会经济提质增效和绿色低碳发展双赢。

健全清洁能源消纳长效机制。加快提升系统调节能力，完善市场体系和价格机制，实现清洁能源高比例、高质量发展。健全能源价格形成机制，完善电力市场建设，以市场化机制促进清洁能源消纳。科学制定各地清洁能源利用率目标和消纳责任权重，加强对消纳责任权重的监督、考核和评估工作。

完善储能、氢能及其他新模式新业态的相关支持政策。组织编制储能规划，构建储能发展框架。明确储能独立市场主体地位，完善调峰辅助服务利益补偿机制。探索新增清洁能源装机与储能调峰能力挂钩机制，拓展储能盈利空间。研究制定氢能产业支持政策，鼓励多种投资主体进入氢能产业。紧跟能源领域新模式新业态，制定配套支持政策。

电力规划设计总院简介

电力规划设计总院（以下简称电规总院）是一所具有近 70 年发展历程的国家级高端咨询机构，是中央编办登记管理的事业单位，主要面向政府部门、金融机构、能源及电力企业，提供产业政策、发展战略、发展规划、新技术研究以及工程项目的评审、咨询和技术服务，组织开展科研标准化、信息化、国际交流与合作等工作。

经国家能源局批准，电规总院设有国家电力规划研究中心、全国电力规划实施监测预警中心、全国新能源消纳监测预警中心、国家能源科技资源中心、电力规划设计标准化管理中心、电力工程造价发布牵头单位、国家能源局研究咨询基地等机构。

结合服务于政府、行业的定位和长远发展需要，电规总院提出了“能源智囊、国家智库”的发展愿景和建设“世界一流的能源智库和国际咨询公司”的战略目标。近年来先后完成国家“十三五”、“十四五”能源发展规划、电力发展规划、能源国际合作专项研究和雄安新区能源发展规划等重大规划研究，参与国家与地方能源电力体制改革等重要政策研究，承担能源电力监管的支持性任务，组织落实行业重大系统性工程，深度参与能源国际合作，为建设绿色低碳、安全高效的现代能源体系提供了高质量的智库研究支持。先后入选中国社会科学院“中国核心智库”、中央企业智库联盟、“一带一路”智库合作联盟和中国智库索引来源智库，在上海社科院《中国智库报告》等权威排名中位列前茅。

2020 年以来，电规总院为响应国家“碳中和、碳达峰”战略目标，服务国家能源主管部门，先后开展了一系列支撑能源绿色低碳转型发展的研究课题，提出 2030 年、2060 年我国能源消费、碳排放的刚性约束和发展目标，提出加快构建以新能源为主体的新型电力系统的发展路径，推行电力系统各环节的数字化升级改造和智慧化调控体系建设。目前，相关研究成果已经被政府有关部门采纳。

电规总院是中国电力规划设计行业的“国家队”，拥有一支以全国工程勘察设计大师为学术带头人的高素质专家队伍。近三年，受能源及电力企业、金融机构等的委托，开展了一百多项企业发展规划、大型流域输电规划、节能环保规划等规划研究，承担了多项国家电力示范工程、重点工程的牵头设计工作，完成能源电力工程评审、评估、咨询项目 1700 余项，发电容量超过 5.8 亿千瓦，220 千伏及以上线路长度超过 7.4 万公里，变电容量超过 4.4 亿千伏安，累计节约投资超过 300 亿元。

电规总院与国际能源署、能源宪章、联合国亚太经社会、亚太经合组织等国际组织建立起了良好的合作关系，先后合作设立了国际能源署中国联络办公室、联合国亚太经社会（ESCAP）能源互联互通专家工作组中方秘书处、中国参与 APEC 能源合作伙伴网络新能源和可再生能源专家组国内对口单位、中国 - 中东欧国家能源项目对话与合作中心中方秘书处、中欧能源技术创新合作办公室等机构，承担相关工作。先后加入国际能源署洁净煤中心、中日联合委员会，是能源宪章工业咨询委员会亚太地区主席单位。

未来，电规总院将以智慧为核心，以创新为动力，努力打造成为世界一流的能源智库和国际咨询公司，与各界同仁携手努力，共同推进全球能源向清洁低碳可持续发展转型，促进人类永续发展。

地 址：北京市西城区安德路 65 号

邮 编：100120

网 址：www.eppei.com